HISZPAŃSKI

w 15 minut każdego dnia!

EDGARD
JEZYKIOBCE.PL

Autorka: Joanna Wojciechowska

Konsultacja językowa: Manuel de la Cruz
Redaktor serii: Karolina Sobocińska
Redakcja: Ewa Norman
Projekt graficzny: Grażyna Faltyn
Skład i łamanie: Maciej Majewski
Projekt okładki: Sylwia Kowalska

EDGARD
JEZYKIOBCE.PL
Wydawnictwo Edgard
ul. Belgijska 11
02-511 Warszawa
Tel. / Fax (22) 847 51 23
edgard@edgard.pl

ISBN 978-83-7788-883-4
Wydanie I
Warszawa 2016

Książka była wcześniej publikowana jako *Hiszpański. Testy gramatyczno-leksykalne dla początkujących*.

[Spis treści]

Wstęp 4
Jak się uczyć? 5
Ćwiczenia 6
Klucz 106
Indeks 116

[WSTĘP]

Książka, którą trzymasz w ręku, to wyjątkowa pozycja do nauki języka hiszpańskiego, która udowodni Ci, że wystarczy tylko 15 minut dziennie, by opanować podstawy tego języka i nauczyć się wszystkiego, co potrzebne do skutecznej komunikacji. To innowacyjna metoda nauki języka obcego, dzięki której przekonasz się, że efekty codziennej nauki przychodzą same, a Ty nie musisz poświęcać na nią więcej niż kwadrans dziennie.

„Hiszpański w 15 minut każdego dnia dla początkujących" jest książką przeznaczoną dla wszystkich, którym wydaje się, że mają za mało czasu na naukę, a chcą poznać nowe słownictwo oraz utrwalić zagadnienia gramatyczne. Osoby, które znają język na poziomie początkującym, znajdą w niej różnorodne zadania, testy i ćwiczenia, dzięki którym poszerzą zasób słownictwa, powtórzą podstawy gramatyki oraz ugruntują wcześniej zdobytą wiedzę.

Specjalnie opracowane zestawy zadań zawierają zagadnienia niezbędne do swobodnego komunikowania się w języku hiszpańskim oraz ćwiczące rozumienie tekstów użytkowych i informacyjnych. Materiał zawarty w tej niezwykłej książce to zróżnicowane ćwiczenia, testy i zadania, dzięki którym w aktywny sposób poznasz język hiszpański. A co najważniejsze, materiał został podzielony tak, by wykonanie ćwiczeń w ramach jednego rozdziału nie zajęło więcej niż 15 minut! Jest to idealne rozwiązanie dla osób, które nie dysponują dużą ilością czasu wolnego, a chcą poznać język obcy.

Zapraszamy także do korzystania z innych publikacji naszego wydawnictwa, m.in.: „Audio Kurs Hiszpański Kurs podstawowy 3. edycja", tytuły z serii „Hiszpański Fiszki PLUS 1000", „Hiszpański gramatyka" czy „Hiszpański Nie gryzie". Pełną i aktualną ofertę naszego wydawnictwa można znaleźć na stronie internetowej: **www.jezykiobce.pl.**

Życzymy przyjemnej nauki!

[Jak się uczyć?]

„Hiszpański w 15 minut każdego dnia dla początkujących" to wyjątkowa książka opracowana z myślą o wszystkich tych, którzy chcą pogłębić swoją znajomość języka hiszpańskiego, a którym wydaje się, że nie mają czasu na naukę. Do samodzielnej nauki hiszpańskiego z książką wystarczy jedynie kwadrans dziennie. Można z nią również pracować pod okiem nauczyciela podczas nauki w szkole lub na zajęciach indywidualnych.

Każdy rozdział to 3 lub 4 zadania dobrane tak, by ich wykonanie nie zajęło więcej niż 15 minut. Dzięki temu nie ma potrzeby, by spędzać wiele godzin na monotonnej nauce, zapamiętywaniu niekończących się list słówek i nudnych regułek gramatycznych. Wykonywanie ćwiczeń gwarantuje zapoznanie się z nowymi treściami, powtórzenie znanych już struktur i utrwalenie wcześniej poznanego materiału.

Zawarte w książce zadania są zróżnicowane pod względem stopnia trudności, zagadnień gramatycznych oraz tematów leksykalnych. Doskonalą umiejętności niezbędne podczas codziennej komunikacji w języku hiszpańskim. Dzięki aktywnej nauce poznawanie języka nie jest monotonne. W książce znajdziemy zadania na łączenie, wpisywanie, uzupełnianie zdań, zadania wielokrotnego wyboru czy krzyżówki.

Na końcu książki znajduje się klucz, w którym zawarte są odpowiedzi do wszystkich zadań. Po wykonaniu zadań z wybranego rozdziału warto porównać z nim swoje rozwiązania. Podczas indywidualnej nauki z książką pomocny może okazać się indeks zagadnień gramatycznych i leksykalnych umieszczony na końcu książki. Każde z zadań jest przyporządkowane konkretnemu zagadnieniu gramatycznemu lub tematowi leksykalnemu i można je znaleźć właśnie dzięki indeksowi.

Do poszczególnych zadań czy też całych rozdziałów warto wracać co kilka dni lub tygodni, by przypomnieć sobie najważniejsze kolokacje, idiomy czy wybrane zagadnienia gramatyczne.

Zapraszamy i życzymy sukcesów w nauce języka hiszpańskiego!

[DÍA 1]

PRONOMBRES PERSONALES

Ejercicio 1

Completa con el pronombre personal adecuado.

Uzupełnij odpowiednim zaimkiem osobowym.

usted x2 nosotras vosotras yo ustedes x3 ellos él ellas ella nosotros tú vosotros

1. _____ me llamo Juan.
2. _____ se llama Ana.
3. _____ sois alemanas, ¿no?
4. _____ eres José, ¿verdad?
5. ¿_____ son de esta ciudad, señoras?
6. _____ nos llamamos Juan y Pedro y tenemos 20 años.
7. ¿_____ se llama María López García?
8. _____ tienen una casa muy grande.
9. _____ es médico.
10. _____ sois de México, ¿no?
11. ¿_____ es de España, Señor Martínez?
12. _____ son mis amigas de Alemania.
13. _____ nos llamamos Marta y Anna y somos de Polonia.
14. _____ se llaman Catalina y María?
15. _____ son alemanes?

SUSTANTIVO: FORMA PLURAL

Ejercicio 2

Elige la opción correcta.

Wybierz właściwą opcję.

1. Los chicos / Los chicues de mi clase son muy altos. (**el chico**)
2. Los amigas / Las amigas de mi hermana se llaman Clara y Marta. (**la amiga**)
3. Los actores / Los actoros de este teatro son muy buenos. (**el actor**)
4. Los cartelos / Los carteles son verdes. (**el cartel**)
5. Los mesas / Las mesas son de madera. (**la mesa**)
6. Los estudiantes / Los estudiantos aprenden matemáticas. (**el estudiante**)
7. Los profesores / Los profesoros son simpáticos. (**el profesor**)
8. Los dependientos / Los dependientes trabajan en la tienda. (**el dependiente**)
9. Las tías / Las tíes de Miguel son cocineras. (**la tía**)
10. Las reinas / Los reinas viven en el palacio. (**la reina**)
11. Los cochos / Los coches aquí son baratos. (**el coche**)
12. Los vendedores / Los vendedoros son elegantes. (**el vendedor**)
13. Los flores / Las flores crecen en el jardín. (**la flor**)
14. Los cafés / Los caféos en esta cafetería son muy buenos. (**el café**)
15. Las cases / Las casas en este barrio son caras. (**la casa**)

Ejercicio 3

SER, ESTAR & HABER

Completa con la forma adecuada del verbo *ser*, *estar* o *haber*.

Uzupełnij odpowiednią formą czasownika *ser*, *estar* lub *haber*.

1. Nos llamamos Pedro y Manuel y .... españoles.
a) somos b) estamos c) hay
2. Mi casa .... en la calle Libertad.
a) es b) está c) hay
3. Pepe .... rubio.
a) es b) está c) hay
4. En la botella no .... agua.
a) es b) está c) hay
5. La cocina .... entre el dormitorio y el estudio.
a) es b) está c) hay
6. La camisa .... blanca.
a) es b) está c) hay
7. Juan Antonio .... cansado.
a) es b) está c) hay
8. En mi ciudad .... dos cines y un teatro.
a) es b) está c) hay
9. La mesa .... de madera.
a) es b) está c) hay
10. ¿Dónde .... una parada de autobús?
a) es b) está c) hay

Ejercicio 4

HORAS

Relaciona la hora con su nombre.

Połącz godzinę z jej zapisem słownym.

1. 13:00	a) Son las tres y veinticinco de la mañana.
2. 15:30	b) Es la una y cinco de la noche.
3. 6:45	c) Es la una en punto de la tarde.
4. 2:15	d) Son las nueve menos veinticinco de la noche.
5. 8:20	e) Son las ocho y veinte de la mañana.
6. 18:40	f) Son las siete menos cuarto de la mañana.
7. 1:05	g) Son las dos y cuarto de la mañana.
8. 12:00	h) Es mediodía.
9. 24:00	i) Son las siete en punto de la tarde.
10. 12:10	j) Son las siete menos veinte de la noche.
11. 24:15	k) Es medianoche.
12. 24:55	l) Son las doce y cuarto de la noche.
13. 19:00	m) Es la una menos cinco de la noche.
14. 3:25	n) Son las tres y media de la tarde.
15. 20:35	o) Son las doce y diez de la mañana.

[DÍA 2]

ARTÍCULO INDETERMINADO

Ejercicio 1

Completa con el artículo indeterminado adecuado *un / una / unos / unas*.
Uzupełnij odpowiednim rodzajnikiem nieokreślonym *un / una / unos / unas*.

1. .... problema
2. .... chica
3. .... idioma
4. .... profesión
5. .... sombrero
6. .... perros
7. .... ingeniero
8. .... actriz
9. .... rey
10. .... cartas
11. .... agua
12. .... té
13. .... madres
14. .... calle
15. .... cine
16. .... manos

ESTAR & GERUNDIO

Ejercicio 2

Completa con la construcción *estar + gerundio* en forma adecuada.
Uzupełnij konstrukcją *estar + gerundio* we właściwej formie.

Tengo una familia muy grande y muchos amigos. Ahora mismo (1) .... (**pensar, yo**) en ellos y me pregunto qué (2) .... (**hacer, ellos**). Creo que Juan ahora (3) .... (**ver, él**) la tele y María (4) .... (**hablar, ella**) por teléfono. Mientras que yo (5) .... (**leer, yo**) el periódico, Diego y Carlos (6) .... (**jugar, ellos**) en el ordenador. La abuela (7) .... (**comer, ella**) una tortilla, el abuelo (8) .... (**tocar, él**) el piano y mi hijo (9) .... (**dormir, él**). Le pregunto a mi marido: "(10) ¿ .... (**escribir, tú**) la carta a la tía Marta?" pero él dice: "Manolo y yo ahora no tenemos tiempo, (11) .... (**trabajar, nosotros**)". A esta hora mi prima Juana (12) .... (**recoger, ella**) a su hijo de las clases de inglés, mientras que mi suegro Javier (13) .... (**esperar, él**) a su novia que (14) .... (**practicar, ella**) el baile cubano. (15) .... (**planear, ellos**) su boda, y todos (16) .... (**pensar, nosotros**) en las preparaciones. Y vosotros, ¿qué (17) .... (**hacer, vosotros**)?

Ejercicio 3

INTERROGACIONES

Relaciona la pregunta con la respuesta.
Połącz pytanie z odpowiedzią.

1. ¿Quién es Pedro?	a) En Valencia.
2. ¿Dónde está el museo?	b) Medicina.
3. ¿Cómo es tu padre?	c) Es mi mejor amigo.
4. ¿Cómo está tu padre?	d) Leche, jamón y un poco de queso.
5. ¿Cómo te apellidas?	e) Al lado del teatro.
6. ¿Dónde vive Paco?	f) Es muy simpático.
7. ¿Cuánto cuestan los plátanos?	g) El de color rojo.
8. ¿Qué estudias?	h) Muy bien, gracias.
9. ¿Qué hay en la nevera?	i) 3 euros el kilo
10. ¿Cuál es tu coche?	j) García López

Ejercicio 4

CIUDAD

Tacha la palabra que no corresponde al grupo.
Wykreśl słowo, które nie pasuje do grupy.

1. farmacia, estanco, quiosco, transbordo
2. tienda de ropa, pastelería, atasco, supermercado
3. puente, banco, peluquería, panadería
4. estación de tren, estación de autobús, aeropuerto, mercado
5. buzón, plaza, avenida, calle
6. correos, papelería, carnicería, buzón
7. billete, farmacia, metrobús, taquilla
8. transbordo, línea, estadio, parada de metro
9. ayuntamiento, acera, embajada, tribunal
10. cine, teatro, ópera, comisaría
11. atasco, semáforo, cruce, cibercafé
12. agencia de viajes, verdulería, gimnasio, vía
13. iglesia, dirección, escuela, hospital
14. estanco, parque zoológico, jardín botánico, parque
15. museo, galería, zapatería, mirador

[DÍA 3]

ESTAR & HABER

Ejercicio 1

Completa con la forma adecuada del verbo *estar* o *haber*.

Uzupełnij odpowiednią formą czasownika *estar* lub *haber*.

1. El cine *está / hay* al lado de la farmacia.
2. En mi habitación *está / hay* una cama, un armario y un escritorio de madera.
3. Los niños *están / hay* en su habitación.
4. ¿Dónde *está / hay* mi bolígrafo?
5. La cocina *está / hay* entre el salón y el cuarto de baño.
6. ¿*Está / Hay* un banco por aquí?
7. ¿*Está / Hay* leche en la nevera?
8. El libro *está / hay* encima de la mesa.
9. ¿Cuántas sillas *están / hay* en el comedor?
10. En la clase *están / hay* veinte estudiantes.
11. El teatro *está / hay* en el centro de la ciudad.
12. En mi ciudad *está / hay* un museo muy interesante.
13. En la calle *está / hay* mucha gente.
14. El bosque *está / hay* al lado del río.
15. En el bosque *están / hay* muchos árboles.

PRETÉRITO INDEFINIDO: VERBOS IRREGULARES

Ejercicio 2

Completa la forma verbal con la persona adecuada del cuadro.

Uzupełnij formę czasownika odpowiednią osobą z ramki.

yo (x 3)   tú (x 2)   él, ella, usted (x 4)   nosotros/as (x 3)
vosotros/as (x 2)   ellos/as, ustedes (x 2)

1. fui –
2. fue –
3. estuvimos –
4. dieron –
5. supe –
6. tuvisteis –
7. puso –
8. pude –
9. quisiste –
10. vino –
11. dijisteis –
12. trajeron –
13. anduvimos –
14. estuvo –
15. viniste –
16. durmimos –

Ejercicio 3

PRONOMBRES POSESIVOS TÓNICOS & ÁTONOS

Elige la opción correcta.

Wybierz odpowiednią opcję.

1. *Mi / Mío* hermano es alto y moreno.
2. Este bolígrafo es *tu / tuyo*.
3. *Nuestra / La nuestra* abuela tiene 80 años.
4. Este libro es *su / suyo*.
5. Aquellos zapatos son *mis / míos*.
6. ¿*Vuestra / La vuestra* casa es aquella?
7. Este chico pelirrojo es *nuestro / el nuestro* primo.
8. ¿Clara es *tu / tuya* novia?
9. Creo que son *sus / suyas* gafas.
10. Aquellas sillas son *vuestras / las vuestras*.
11. Esta camisa no es *mía / la mía*.
12. *El nuestro / Nuestro* es verde.
13. *Su / El suyo* hijo se comporta mal.
14. Estos pantalones son *los míos / míos*.
15. Mamá, esto no es culpa *mía / mi*.

Ejercicio 4

CULTURA & DEPORTE

Completa las columnas con las expresiones adecuadas.

Uzupełnij kolumny odpowiednimi wyrażeniami.

público hacer ejercicio fila baloncesto entrenar taquilla voleibol
asiento película correr ir al gimnasio entrada fútbol función nadar
escena representación campo entreacto

CINE	TEATRO	DEPORTE

[DÍA 4]

SUSTANTIVOS: GÉNERO MASCULINO & FEMENINO

Ejercicio 1

Completa con las formas femeninas adecuadas del cuadro.

Uzupełnij odpowiednimi formami żeńskimi z ramki.

una profesora · una hija · una actriz · una estudiante · una chica · una reina · una gata · una dependienta · una princesa · una mujer · una cocinera · una madre · una hermana · una vendedora

1. un chico –
2. un gato –
3. un padre –
4. un actor –
5. un estudiante –
6. un rey –
7. un hombre –
8. un hermano –
9. un hijo –
10. un profesor –
11. un vendedor –
12. un dependiente –
13. un cocinero –
14. un príncipe –

PRESENTE DE INDICATIVO: VERBOS REGULARES

Ejercicio 2

Completa con la forma verbal adecuada.

Uzupełnij odpowiednią formą czasownika.

1. Juan siempre .... (**beber, él**) café con leche.
2. A menudo .... (**escuchar, nosotros**) música.
3. ¿Dónde .... (**vivir, tú**)?
4. ¿Qué lenguas .... (**hablar, vosotros**)?
5. Nunca .... (**escribir, yo**) cartas.
6. Los señores García siempre .... (**comer, ellos**) a las 2 de la tarde.
7. ¿Qué .... (**estudiar, usted**)?
8. ¿ .... (**comprender, ustedes**) cómo conjugar los verbos?
9. Marta .... (**buscar, ella**) su nuevo vestido.
10. .... (**desayunar, yo**) siempre un bocadillo.
11. Marco e Inés .... (**bailar, ellos**) tango.
12. El domingo .... (**pasear, nosotros**) por el parque.
13. ¿ .... (**leer, vosotros**) el periódico cada día?
14. Pablo .... (**escribir, él**) con un bolígrafo negro.
15. ¿ .... (**abrir, tú**) la puerta, por favor?

Ejercicio 3

IMPERATIVO

Relaciona el verbo con la forma irregular de la segunda persona singular (tú) del Imperativo.

Połącz czasownik z nieregularną formą drugiej osoby liczby pojedynczej (ty) trybu rozkazującego.

1. salir	a) haz
2. tener	b) di
3. ir	c) oye
4. decir	d) ten
5. venir	e) sé
6. oír	f) ve
7. poner	g) ven
8. hacer	h) pon
9. ser	i) sal

Ejercicio 4

PREGUNTAR POR EL CAMINO

Completa con las expresiones del cuadro.

Uzupełnij wyrażeniami z ramki.

bajar estación izquierda directamente querría ir
haz transbordo ciudad está al lado está bastante lejos línea

Estas vacaciones he estado en Barcelona. He perdido el mapa y he preguntado por el camino a una vendedora de frutas:

– Buenos días. Mire, (1) ______ al estadio Camp Nou pero no conozco la (2) ______.

– A ver, guapa, (3) ______. Primero ve a la (4) ______ de metro, que (5) ______ del banco Caixa Catalunya, a la (6) ______. Tienes que coger la (7) ______ 3 y (8) ______ en la estación Plaza de Cataluña. Después (9) ______ y coge el autobús número 88, que va (10) ______ al estadio.

– Muchas gracias, Señora.

[DÍA 5]

PRONOMBRES POSESIVOS TÓNICOS & ÁTONOS

Ejercicio 1

Elige la opción correcta.

Wybierz odpowiednią opcję.

1. .... madre se llama Elena.
   a) Mía b) La mía c) Mi
2. Este es mi libro y aquel es ....
   a) el tuyo b) tuya c) tu
3. ¿ .... casa es aquella?
   a) La suya b) Su c) Suya
4. .... hijo es médico.
   a) Nuestro b) El nuestro c) Nuestra
5. Este coche es ....
   a) su b) suyo c) suyos
6. Estas bicicletas no son ....
   a) los vuestros b) vuestros c) vuestras
7. Estos pantalones son ....
   a) mis b) míos c) mío
8. ¿ .... perro es negro?
   a) Tuyo b) Tu c) El tuyo
9. Aquella casa es ....
   a) nuestra b) su c) tu
10. .... llaves están en la mesa.
   a) Suyas b) Las suyas c) Sus

ADVERBIOS

Ejercicio 2

Construye el adverbio a base del adjetivo.

Stwórz przysłówek na bazie przymiotnika.

1. fácil ....
2. rápido ....
3. alto ....
4. último ....
5. actual ....
6. seguro ....
7. malo ....
8. bueno ....
9. barato ....
10. largo ....
11. bastante ....
12. natural ....

Ejercicio 3

PRESENTE DE INDICATIVO

Elige la opción correcta.

Wybierz odpowiednią opcję.

Desde hace 3 años durante las vacaciones mi familia y yo (1) .... a la Costa del Sol. Allí (2) .... 2 semanas. Siempre (3) .... muy buen tiempo, así que todo el día (4) .... en la playa y (5) .... el sol. Los niños (6) .... en el mar, mi marido (7) .... y yo (8) .... paseos por la playa. Por la noche (9) .... a los niños. (10) .... elegante y (11) .... con mi marido al restaurante. No (12) .... ningún sitio mejor para pasar unas vacaciones inolvidables.

1. a) vayamos b) vamos c) imos
2. a) pasamos b) pasemos c) pazcamos
3. a) hazca b) hace c) haga
4. a) estemos b) estáis c) estamos
5. a) tomamos b) tomemos c) tuememos
6. a) os bañan b) les bañan c) se bañan
7. a) duerme b) dorme c) duerma
8. a) do b) day c) doy
9. a) acuestamos b) acuestemos c) acostamos
10. a) Me viesto b) Me visto c) Me vesto
11. a) van b) voy c) vayamos
12. a) conozco b) conoco c) conuezco

Ejercicio 4

SALUD

Completa con las palabras del cuadro.

Uzupełnij słowami z ramki.

tiene (x 3) te duele me duele aspirina jarabe le duelen está médico pastillas están

¡Qué lío! Esta semana toda mi familia y casi todos mis amigos estamos enfermos. Por ejemplo, a mí (1) ______ mucho el estómago y a mi hermano (2) ______ las piernas. Mi padre y mi madre (3) ______ mareados y mi amigo, José, (4) ______ fiebre. Mi amiga Lola también (5) ______ enferma, ella (6) ______ gripe. Toma unas (7) ______ contra el dolor de músculos y una (8) ______ para la fiebre. En cambio, Diego (9) ______ tos, el (10) ______ le ha prescrito un (11) ______ muy bueno.

Y a ti, ¿qué (12) ______ ?

[DÍA 6]

ORDINALES

Ejercicio 1

Elige la opción correcta.

Wybierz odpowiednią opcję.

1. Vivo en la .... planta.
   a) primer b) primero c) primera
2. Mi .... hermana se llama María.
   a) tercer b) tercero c) tercera
3. Es mi .... viaje a Italia.
   a) séptimo b) séptima c) siete
4. Diego es el .... de la clase.
   a) sexto b) sexta c) seis
5. Este ejercicio está en la .... página.
   a) segund b) segundo c) segunda
6. Es la .... vez que viajo en avión.
   a) décimo b) décima c) diez
7. Mi hijo está en el .... curso.
   a) cuatro b) cuarto c) cuatra
8. Vamos a sentarnos en la .... fila.
   a) quinta b) quince c) quinto
9. Juan es mi .... hijo.
   a) primero b) primera c) primer
10. Es nuestro .... encuentro.
   a) novena b) nueveno c) noveno

IR A + INFINITIVO

Ejercicio 2

Completa con el elemento adecuado del cuadro.

Uzupełnij odpowiednim elementem z ramki.

estar   a (x 3)   pasar   viajar   va   vamos   van
voy   bañarse   tener

Estas vacaciones las vamos a (1) .... con mi familia en Italia. Lo tenemos todo planeado. Vamos (2) .... alojarnos en el hotel "Luna", cerca de la playa. Los niños (3) .... a tener su propia habitación. En los cuartos de baño vamos a (4) .... una ducha y una bañera también. El tiempo va (5) .... ser muy bueno, vamos a (6) .... a unos 25 grados. La primera semana la (7) .... a pasar en la playa. Mi marido y mis hijos van a (8) .... en el mar y yo (9) .... a tomar el sol. La segunda semana vamos a (10) .... a Roma y a otros sitios de interés. Vamos (11) .... ver monumentos famosos. Seguro que mi marido (12) .... a probar la comida típica italiana.

Ejercicio 3

PRESENTE DE INDICATIVO: VERBOS IRREGULARES

Completa con la forma verbal adecuada.
Uzupełnij odpowiednią formą czasownika.

1. ¿Cómo .... (estar, vosotros)?
2. .... (tener, yo) 29 años.
3. ¿Adónde .... (ir, tú)?
4. .... (ir, yo) a hacer la compra.
5. ¿De dónde .... (ser, ustedes)?
6. .... (estar, yo) en la escuela.
7. .... (tener, nosotros) hambre.
8. ¿ .... (ser, tú) español?
9. ¿ .... (ser, vosotros) franceses?
10. Pablo .... (tener, él) mucho frío.
11. Los periodistas .... (tener, ellos) mucho trabajo.
12. ¿ .... (ser, vosotros) científicos, verdad?

Ejercicio 4

COMIDA & RESTAURANTE

Completa con las palabras del cuadro.
Uzupełnij słowami z ramki.

sin gas propina en efectivo sabroso restaurante menú
sala para no fumadores cuenta de primero de beber
plato principal cafetería camarero de postre expreso

Este sábado he ido con mi marido a un (1) __________ nuevo en nuestra ciudad. Nos hemos sentado en la (2) __________ porque no me gusta el humo de los cigarrillos. El (3) __________ nos ha traído el (4) __________ con los platos y las bebidas. (5) __________ hemos tomado un gazpacho y como (6) __________ merluza a la gallega y ensalada mixta. (7) __________ hemos pedido un agua (8) __________ y (9) __________ hemos comido un flan. Después, el camarero nos ha traído la (10) __________ . Mi marido ha pagado (11) __________ y le ha dejado una (12) __________ al camarero. Después de salir del restaurante hemos ido a tomar un (13) __________ a nuestra (14) __________ preferida porque teníamos sueño. El café aquí siempre está muy (15) __________ .

[DÍA 7]

NEGATIVAS

Ejercicio 1

Transforma las frases positivas en negativas.
Przekształć zdania twierdzące na przeczące.

1. Paco es italiano. ....
2. ¿Tienes sed? ....
3. Nos levantamos a las 9 de la mañana. ....
4. ¿Habláis alemán? ....
5. Pedro y Juan saben tocar la guitarra. ....
6. Los domingos voy a la iglesia. ....
7. ¿Escuchas la radio en coche? ....
8. Mi padre se llama Diego. ....

ADVERBIOS: MUY & MUCHO

Ejercicio 2

Completa con el adverbio *muy* o *mucho / a / os / as*.
Uzupełnij przysłówkiem *muy* lub *mucho / a / os / as*.

– Dime.
– Hola, ¿está Juana?
– ¿De parte de quién?
– De Conchi.
– Ahora se pone.

...

– Hola, Conchi, ¿qué tal?
– Bien, bien. Oye, ¡he conocido a un chico fantástico!
– ¡Vaya! ¿Cómo es?
– Es (1) .... guapo e inteligente. Trabaja (2) .... porque es abogado. Tiene (3) .... planes para el futuro, por ejemplo, quiere viajar (4) .... y conocer (5) .... sitios nuevos. Además, es (6) .... gracioso, cuenta (7) .... chistes muy buenos y tiene un sentido del humor estupendo. Tiene (8) .... amigos que son (9) .... simpáticos y abiertos. Y lo más importante: me quiere (10) ....
– ¡Me alegro tanto, Conchi!

Ejercicio 3

PREGUNTAS

Marca la pregunta correcta.

Zaznacz poprawne pytanie.

1. ¿Cómo es tu novia? / ¿Qué es tu novia?
2. ¿Adónde vas de vacaciones? / ¿De dónde vas de vacaciones?
3. ¿Leche hay en la nevera? / ¿Hay leche en la nevera?
4. ¿Cuántos perros tienes? / ¿Cómo perros tienes?
5. ¿Ha venido Juan? / ¿Juan ha venido?
6. ¿Cómo te llevas bien con tu hermano? / ¿Te llevas bien con tu hermano?
7. ¿Por qué no me has llamado? / ¿Porqué no me has llamado?
8. ¿A qué hora sales del trabajo? / ¿Qué horas son sales del trabajo?
9. ¿Quiénes son estos hombres? / ¿Cuáles son estos hombres?
10. ¿Cuántas está llamando? / ¿Quién está llamando?

Ejercicio 4

CULTURA & DEPORTE

Relaciona las palabras y expresiones con sus definiciones.

Połącz słowa i wyrażenia z ich definicjami.

1. natación	a) usar los patines de hielo en la pista de hielo
2. montar a caballo	b) una película que se divide en episodios
3. patinar sobre hielo	c) ir por las montañas, generalmente con una mochila
4. escalar montañas	d) el texto escrito en la parte inferior de la pantalla en una película
5. serie	e) un deporte que practicamos en el agua
6. documental	f) ir a caballo
7. festival	g) el acto de mostrar una obra de arte al público
8. concierto	h) un programa basado en hechos reales
9. exposición	i) una fiesta que consta de varias manifestaciones artísticas
10. subtítulos	j) una presentación de un grupo de músicos
11. función	k) un juego entre dos equipos que echan un balón sobre una red situada en la mitad del campo
12. noticias	l) una obra cinematográfica en la cual un policía busca a un delincuente
13. película policiaca	m) una representación teatral
14. revista	n) una publicación semanal o mensual con artículos y fotos
15. voleibol	o) un programa de la radio o televisión que informa sobre los más recientes acontecimientos locales y/o mundiales

[DÍA 8]

SER, ESTAR & HABER

Ejercicio 1

Completa con el verbo adecuado del cuadro.
Uzupełnij odpowiednim czasownikiem z ramki.

está (x 3)   es (x 4)   hay (x 3)

Mi casa (1) .... muy grande y bonita. Tengo 3 dormitorios, una cocina, un salón, un comedor y un cuarto de baño. En la cocina (2) .... una nevera, un microondas y un horno. La nevera (3) .... blanca y (4) .... al lado del horno. En mi dormitorio (5) .... una cama que (6) .... muy cómoda y un armario. Encima de la cama (7) .... siempre muchas almohadas. El armario (8) .... enfrente de la cama. El cuarto de baño (9) .... a la derecha del dormitorio y (10) .... bastante pequeño.

PRESENTE DE INDICATIVO

Ejercicio 2

Transforma la frase al singular.
Przekształć zdanie na liczbę pojedynczą.

Ejemplo: *Los chicos nadan en la piscina. - El chico nada en la piscina.*

1. Queremos ir a Canadá este año. ....
2. ¿Jugáis con nosotros? ....
3. Mis hijos construyen unos castillos de arena. ....
4. No entendemos la lección. ....
5. ¿Dormís bien en esta cama? ....
6. Mis hermanos no saben hablar chino. ....
7. Os vestís muy bien. ....
8. Los fines de semana nos despertamos muy tarde. ....
9. Te pedimos un favor. ....
10. ¿A qué hora vuelven tus primas? ....
11. Las vecinas van a hacer la compra. ....
12. Teneís que limpiaros los dientes. ....
13. Las bailarinas hacen mucho ejercicio. ....
14. Siempre dividimos el trabajo en tres etapas. ....
15. ¡¿Cada año os compráis un coche nuevo?! ....

Ejercicio 3

PRETÉRITO PERFECTO

Elige la forma verbal adecuada.

Wybierz odpowiednią formą czasownika.

1. Hoy .... (hablar, yo) con mi jefe.
   a) he hablido b) he hablado c) he hablando
2. Esta mañana .... (ir, nosotros) a la compra.
   a) habemos ido b) hemos yendo c) hemos ido
3. ¿ .... (estar, tú) alguna vez en Japón?
   a) Has estado b) Has estando c) Has estido
4. Juan .... (escribir, él) una carta a su abuela.
   a) ha escrito b) ha escribido c) ha escribiendo
5. ¿Nunca .... (bailar, vosotros) tango?
   a) habéis bailado b) háis bailido c) habéis bailido
6. Paco y María .... (volver, ellos) ya de vacaciones.
   a) han volvido b) han vuelto c) ha vuelto
7. ¿De verdad .... (comprar, usted) un coche este mes?
   a) has comprido b) ha comprando c) ha comprado
8. Los niños .... (romper, ellos) la ventana.
   a) ha rompido b) han rompiendo c) han roto
9. La profesora .... (poner, ella) los libros en la mesa.
   a) ha puesto b) ha ponido c) he ponido
10. ¿Ya .... (hacer, ustedes) este ejercicio?
    a) han hacido b) han haciendo c) han hecho

Ejercicio 4

SALUD

Relaciona la enfermedad con su remedio

Połącz nazwę choroby z odpowiednim lekarstwem.

1. la amigdalitis	a) el analgésico
2. la tos	b) el antibiótico
3. el cansancio	c) el jarabe
4. el dolor de cabeza	d) el agua con sal
5. el dolor de estómago	e) dormir mucho
6. el dolor de garganta	f) las tiritas
7. la pierna rota	g) el té o la infusión de menta
8. la herida	h) el yeso

[DÍA 9]

IR A + INFINITIVO

Ejercicio 1

Relaciona la forma del verbo *ir* con la persona adecuada.

Połącz odmieniony czasownik *ir* z odpowiednią osobą.

1. vamos	a) yo
2. vas	b) nosotros
3. voy	c) él, ella, usted
4. va	d) vosotros
5. vais	e) ellos/as, ustedes
6. van	f) tú

PRETÉRITO PERFECTO: VERBOS REFLEXIVOS

Ejercicio 2

Elige la forma verbal adecuada.

Wybierz odpowiednią formę czasownika.

1. Hoy *me he levantado / he me levantado* a las seis de la mañana.
2. Esta tarde *nos hemos bañado / les hemos bañado* en el mar.
3. Este año los señores Jiménez *les han trasladado / se han trasladado*.
4. ¿*Te has acostado / Has te acostado* a medianoche hoy?
5. Hoy Juan *ha le duchado / se ha duchado* tres veces.
6. Este viernes Ana *se ha vestido / le ha vestido* muy elegante.
7. Hace 10 minutos mi hijo *ha se lavado / se ha lavado* las manos.
8. Niños, ¿*habéis os peinado / os habéis peinado*?
9. *He me despertado / Me he despertado* hace una hora.
10. Esta tarde *os hemos echado / nos hemos echado* la siesta.
11. Este fin de semana Juan y María *se han sentido / nos han sentido* muy mal.
12. ¡¿Qué *has te puesto / te has puesto*?!
13. Este verano Jorge *se ha casado / ha casado se* con Conchi.
14. No os voy a comprar más dulces, ¡ya *vos habéis comido / os habéis comido* tres helados!
15. Esta noche Pepe *le ha preparado / se ha preparado* merluza a la gallega.

Ejercicio 3

IMPERATIVO

Relaciona el problema con la solución.
Połącz problem z rozwiązaniem.

1. Me duele el diente.
2. La gente no entiende lo que digo.
3. No sé qué pasa en mi país.
4. Estoy cansado.
5. No sé qué pasa con mi primo Juan.
6. Quiero saber qué está haciendo Julia.
7. Quiero divertirme con mis amigos.
8. Quiero obtener buenas notas.
9. Quiero tener buenas relaciones con la gente.
10. Tengo sed.
11. Tengo hambre.
12. Tengo calor.

a) Descansa.
b) Come un bocadillo.
c) Ve al dentista.
d) Llama a su casa.
e) Escribe una carta y pregunta.
f) Haz los deberes y estudia.
g) Habla más despacio.
h) Bebe agua.
i) Pon el aire acondicionado.
j) Lee periódicos cada día.
k) Sal de fiesta.
l) Sé amable y di siempre la verdad.

Ejercicio 4

CIUDAD

Completa con las palabras del cuadro.
Uzupełnij słowami z ramki.

parque zoológico · ayuntamiento · cibercafé · correos · calle · parques · embajada · comisaría · panadería · cine · estadio · farmacia · tribunal · iglesia · carnicería

Vivo en la (1) __________ Cervantes. Cerca hay un (2) __________ donde muchas veces ponen unas películas muy buenas. Al lado del cine hay una (3) __________ donde trabaja mi padre, que es policía. Tenemos también una (4) __________ para comprar medicinas, (5) __________ para enviar y recibir cartas y una (6) __________ donde vamos cada domingo a misa para rezar. Muy cerca hay también una (7) __________ donde se puede comprar pan y una (8) __________ donde mi madre siempre compra la carne. Además, hay un (9) __________ para quien quiera navegar por Internet o escribir un e-mail.

En el centro de la ciudad hay un (10) __________ donde trabaja el alcalde de la ciudad, la (11) __________ de los Estados Unidos y el (12) __________ donde trabajan los jueces y los abogados.

Mi barrio favorito de la ciudad se llama La Manzana. Es un barrio muy verde, allí hay muchos (13) __________ donde se puede pasear con el perro y un (14) __________ donde voy con mi hermano menor para mirar los animales: elefantes, jirafas y tigres. En La Manzana hay también un (15) __________ nuevo, donde entrenan los mejores futbolistas de nuestra ciudad.

[DÍA 10]

PRETÉRITO PERFECTO

Ejercicio 1

Completa el crucigrama con las formas de *participio* de los verbos.

Uzupełnij krzyżówkę formami *participio* od podanych czasowników.

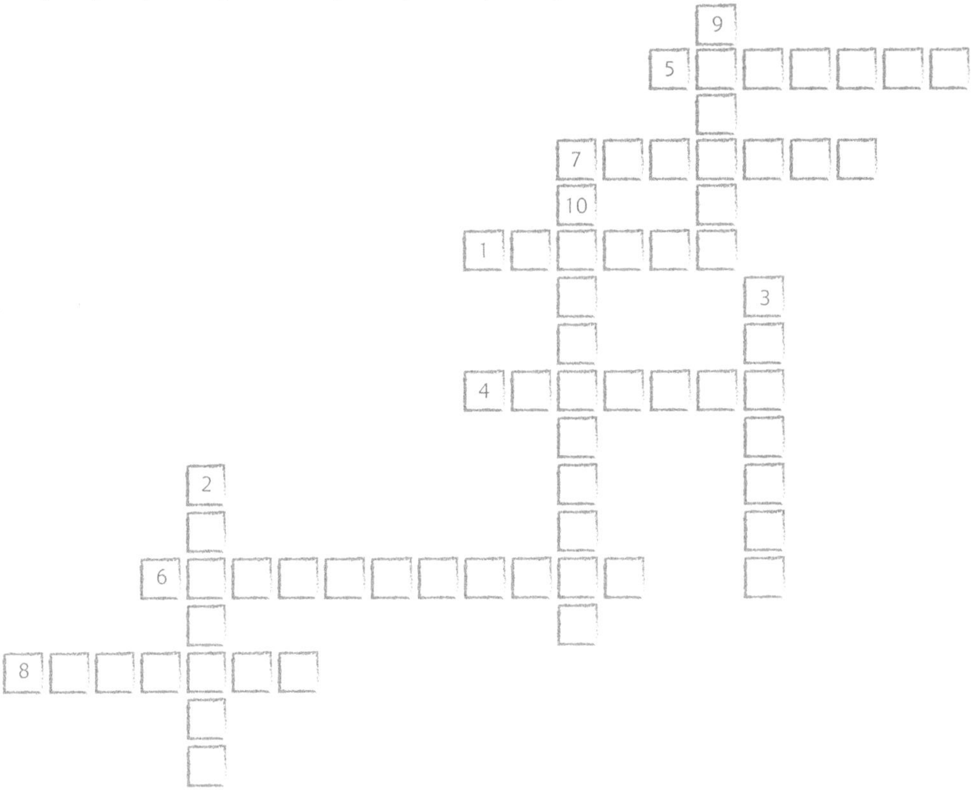

1. hacer. 2. beber. 3. comer. 4. morir. 5. volver. 6. encontrar. 7. besar. 8. salir. 9. ver. 10. escuchar.

RELACIONES ESPACIALES

Ejercicio 2

Relaciona las expresiones de sentido opuesto.

Połącz wyrażenia o przeciwstawnym znaczeniu.

1. cerca de	a) detrás de
2. a la derecha de	b) fuera de
3. delante de	c) a la izquierda de
4. encima de	d) lejos de
5. dentro de	e) debajo de

Ejercicio 3

VERBO & PREPOSICIÓN

En cada frase hay un error. Corrígelo.
W każdym zdaniu jest błąd. Popraw go.

1. Me llevo bien de todos mis primos. ....
2. Sé que puedo contar a Juan. ....
3. Hay que dividir el dinero a tres partes. ....
4. Me gusta jugar de baloncesto. ....
5. Miguel lucha a sus defectos. ....
6. Hablamos en la última película de Almodóvar. ....
7. Nos despedimos a la abuela y nos vamos. ....
8. No me acuerdo con este chico. ....
9. No te pelees de tu hermano. ....
10. Te pareces en Javier Bardem. ....

Ejercicio 4

ASPECTO FÍSICO

Completa los nombres de las prendas de vestir y joyas.
Uzupełnij nazwy ubrań i biżuterii.

1. la llevamos en la parte superior del cuerpo; puede ser de manga larga o corta – _ A _ _ S _ _ A
2. puede ser corta o larga; la llevan las mujeres – _ _ L D _
3. lo llevamos en la cintura – _ I _ T _ _ _ N
4. la llevamos en el cuello en invierno – B _ F _ _ D _
5. lo llevamos en la cabeza en invierno – _ _ R R _
6. los llevamos en las manos en invierno – _ U _ N T _ _
7. los llevamos en los pies antes de ponernos zapatos – C _ _ C E _ _ N _ S
8. es una joya; nos las ponemos en las orejas – _ _ N D _ E _ T _ _
9. es una joya; nos la ponemos en el dedo – _ N _ L _ O
10. es una prenda de vestir elegante que se ponen los hombres; por lo general, lo acompañan con corbata – _ R _ J _
11. prenda femenina que sostiene el pecho – _ U J _ _ _ _ O R
12. chaquetilla con botones – R _ B _ C _
13. las llevamos en las piernas con faldas o vestidos – _ _ D I _ S
14. las llevamos en los pies en verano o en una piscina – C H _ _ C L _ _
15. lo ponemos sobre las demás prendas, nos protege del frío – A _ R _ _ _

[DÍA 11]

PRETÉRITO INDEFINIDO: VERBOS REGULARES

Ejercicio 1

Elige la forma verbal adecuada.

Wybierz odpowiednią formę czasownika

1. Anoche .... (**hablar, yo**) hasta las 2 con mi hermana por teléfono.
   a) hablaste b) habló c) hablé
2. El mes pasado .... (**comprar, nosotros**) un coche.
   a) compramos b) compraron c) compraste
3. En 1992 Pablo .... (**volver, él**) de Australia.
   a) volviste b) volví c) volvió
4. Hace una semana Eva .... (**visitar, ella**) a su abuela.
   a) visité b) visitó c) volvimos
5. ¿ .... (**beber, tú**) ayer café?
   a) Bebió b) Bebiste c) Bebisteis
6. ¿ .... (**conocer, vosotros**) a Antonio Banderas durante las vacaciones?
   a) Conocisteis b) Conociste c) Conocimos
7. Anteanoche Eduardo y Mario .... (salir, ellos) de marcha.
   a) salisteis b) salimos c) salieron
8. El sábado por la mañana .... (**desayunar, nosotros**) unos bocadillos.
   a) desayunasteis b) desayunó c) desayunamos
9. El domingo pasado Diego .... (**organizar, él**) su fiesta de cumpleaños.
   a) organizó b) organizaste c) organizaron
10. El otro día .... (**recibir, yo**) tu carta.
    a) recibió b) recibí c) recibiste
11. ¿A qué hora .... (**empezar, ella**) la reunión?
    a) empezó b) empezé c) empezaron
12. El año pasado .... (**trabajar, ellas**) en una tienda de ropa.
    a) trabajamos b) trabajé c) trabajaron
13. Hace dos años mis amigos .... (**vivir, ellos**) en Barcelona.
    a) vivimos b) vivieron c) vivisteis
14. ¿ .... (**perder, vosotros**) el tren ayer por la mañana?
    a) Perdisteis b) Perdiste c) Perdió
15. Anteayer .... (**comer, yo**) un gazpacho y una paella.
    a) comió b) comimos c) comí

Ejercicio 2

PREGUNTAS

En cada pregunta hay un error. Corrígelo.

W każdym pytaniu jest błąd. Popraw go.

1. ¿Está cómo tu padre? ....
2. ¿Porqué quieres ir a Japón? ....
3. ¿Eva está en casa? ....
4. ¿Que hora es? ....
5. ¿A dónde eres? ....
6. ¿Cuántos dinero necesitas? ....
7. ¿Carlos ha llamado? ....
8. ¿Muy cansado estás? ....
9. ¿Cuando vamos a comer? ....
10. ¿Tiénes hermanos? ....

Ejercicio 3

PRESENTE DE INDICATIVO

Marca el verbo que no corresponde al grupo. Considera las irregularidades en la conjugación.

Zaznacz czasownik, który nie pasuje do grupy. Weź pod uwagę nieregularności w odmianie.

1. poder, volver, dormir, estar
2. pedir, jugar, servir, despedir
3. estar, ir, leer, ser
4. venir, conocer, tener, oír
5. traducir, construir, destruir, huir
6. conocer, saber, poner, poder
7. empezar, acostar, recordar, costar
8. hablar, comer, llamarse, vivir
9. llamarse, lavarse, afeitarse, despertarse
10. querer, recordar, perder, pensar

Ejercicio 4

TIEMPO

Elige la opción correcta.

Wybierz odpowiednią opcję.

El tiempo en mi país es muy diferente en cada estación del año. En primavera (1) *hace muchísimo sol / hace bastante sol* y a veces (2) *llueve / nieva*.
En verano, por lo general, (3) *hace muy buen tiempo / hace muy mal tiempo*. (4) *Hace mucho calor / fresco*, las temperaturas son muy (5) *bajas / altas*. El cielo está (6) *nublado / despejado*. En otoño hace más (7) *frío / calor*. Hace (8) *viento / nieve* y el cielo muchas veces está (9) *húmedo / cubierto*. A veces hay (10) *arco iris / tormenta*, entonces (11) *llueve / nieva* mucho y truena. Además, por la mañana hay (12) *tierra / niebla*.
En invierno las temperaturas están (13) *sobre cero / bajo cero* y (14) *nieva / llueve* mucho. Sobre todo las noches son muy (15) *frías / calurosas*.

[DÍA 12]

ESTAR + GERUNDIO

Ejercicio 1

Completa con las expresiones del cuadro.

Uzupełnij wyrażeniami z ramki.

están bailando   está llorando   Estoy hablando   Está lloviendo   Estamos preparando   Estamos estudiando   estás diciendo   Estoy leyendo   se está duchando   está durmiendo

1. El niño ______, creo que le duele algo.
2. ______ la comida, ¿vas a comer con nosotros?
3. ¿Qué ______? No te oigo bien.
4. No hagas ruido, Juan ______.
5. ______ un libro muy interesante.
6. Miguel y Clara ______ tango en el salón.
7. ______ con María por teléfono.
8. – ¿Dónde está Carlos?
   – En el cuarto de baño, ______.
9. ______. Mañana tenemos un examen.
10. ______, lleva contigo el paraguas.

IR A + INFINITIVO

Ejercicio 2

Relaciona la pregunta con la respuesta.

Połącz pytanie z odpowiedzią.

1. ¿Qué vas a hacer durante las vacaciones?	a) Voy a venir a las 8.30.
2. ¿Con quién vas a salir por la tarde?	b) De un viaje a Sevilla.
3. ¿Vas a ir conmigo de compras?	c) El año que viene.
4. ¿Dónde vais a pasar el fin de semana?	d) Voy a ir a Francia.
5. ¿Cuándo vas a terminar la escuela?	e) Lo siento, no tengo tiempo.
6. ¿Qué vas a preparar para la cena?	f) A todos mis amigos y a la familia.
7. ¿Qué vas a beber?	g) Con Juan y Diego.
8. ¿Quién va a comprar los billetes?	h) Un coche deportivo.
9. ¿A qué hora vas a venir?	i) En casa.
10. ¿Qué tipo de coche vais a compraros?	j) Ramón va a hacerlo.
11. ¿A quién vas a invitar a la fiesta?	k) Un café solo, por favor.
12. ¿De dónde van a venir tus amigos?	l) Un pescado con arroz y una ensalada.

Ejercicio 3

ADVERBIOS: MUY & MUCHO

Elige el adverbio adecuado.
Wybierz odpowiedni przysłówek.

1. Pablo es *muy / mucho* inteligente.
2. Hoy llueve *muy / mucho*.
3. Esta iglesia es *muy / mucho* antigua.
4. Tengo *muy / mucha* hambre.
5. Me gusta *muy / mucho* tu vestido.
6. ¿Estás *muy / mucho* cansado?
7. Marta es *muy / mucho* delgada.
8. Durante las vacaciones viajamos *muy / mucho*.
9. Los sábados me acuesto *muy / mucho* tarde.
10. Esta semana tenemos *muy / mucho* trabajo.
11. Clara habla inglés *muy / mucho* bien.
12. Tengo *muy / muchos* libros de este autor.

Ejercicio 4

ANIMALES

Completa los nombres de los animales.
Uzupełnij nazwy zwierząt.

1. el animal que tiene el cuello más largo de todos los animales – _ I R _ _ A
2. un animal gracias al cual tenemos huevos – _ _ L L _ N _
3. un animal que ladra – _ _ R R _
4. un animal que maúlla – G _ _ O
5. un animal que come plátanos – _ O N _
6. un animal de color blanco y negro – _ E _ R _
7. un ave o un nombre femenino – P _ L _ _ A
8. un animal de cuya piel se hacen jerseys – _ V _ J _
9. un animal gracias al que tenemos leche – _ _ C A
10. el animal conocido como el rey de la selva – _ _ Ó N
11. un animal que no tiene piernas – _ _ R _ _ E _ T _
12. un animal que pica – M _ S Q _ _ T _
13. un mamífero enorme que vive en el agua – B _ L L _ _ _
14. un animal con rayas que vive en India – _ _ G R _
15. el animal al que besan las princesas de cuentos infantiles – _ A N _

[DÍA 13]

PRETÉRITO INDEFINIDO: VERBOS IRREGULARES

Ejercicio 1

Elige la forma verbal adecuada.

Wybierz odpowiednią formę czasownika.

1. Aquel día .... (yo) en la escuela de 8 a 15.
   a) estuvo b) estuve c) esté
2. ¿ .... (tú) a Eva la semana pasada?
   a) Viste b) Visteis c) Vio
3. Ayer .... (nosotros) al cine por la tarde.
   a) imos b) fueron c) fuimos
4. Por mi cumpleaños Paco y Diego me .... (ellos) un disco.
   a) dieron b) daron c) deron
5. ¿A qué hora .... (ustedes) ayer?
   a) venieron b) vinieron c) vieron
6. Anteayer Ramón no .... (él) salir con nosotros.
   a) podió b) puso c) pudo
7. ¿Qué .... (vosotros) hacer ayer por la tarde?
   a) queresteis b) quisistes c) quisisteis
8. Hace dos días Conchi por fin me .... (ella) la verdad.
   a) dijo b) dio c) deció

VERBO & PREPOSICIÓN

Ejercicio 2

Elige la preposición adecuada.

Wybierz odpowiedni przyimek.

1. ¿*En / De* qué estáis hablando?
2. Queremos aprender *de / a* nadar.
3. Nuestra familia consta *de / en* 7 personas.
4. ¿Jugáis *en / a* las cartas a menudo?
5. Mónica se parece mucho *a / de* su abuela.
6. ¿*Con / A* quién trabajas?
7. El tiempo muchas veces influye *a / en* nuestro estado de ánimo.
8. Mi hijo sueña *en / con* ser médico.
9. Carmen tiene miedo *con / a* las ratas.
10. No me gusta pelearme *en / con* la gente.

Ejercicio 3

IMPERATIVO

Completa con la forma adecuada del Imperativo del cuadro.
Uzupełnij odpowiednią formą trybu rozkazującego z ramki.

ve llama bebe toma (x 3) mire escribe compra come lee descansa

– Buenos días, doctor.

– Buenos días, hijo. ¿Qué te pasa?

– (1) ______ , me duele mucho la cabeza, tengo tos y fiebre, y también tengo dolor de garganta y huesos.

– A ver... (2) ______ a la farmacia y (3) ______ las pastillas contra el dolor y la fiebre, y el jarabe para la tos. Primero, por supuesto (4) ______ todos los folletos. (5) ______ estas pastillas por la mañana y por la tarde. Después de tomarlas (6) ______ un vaso de agua. (7) ______ muchas frutas y verduras. Además, (8) ______ un baño caliente cada día y (9) ______ mucho. (10) ______ también este jarabe, pero solo por la mañana.
Si tienes alguna pregunta, (11) ______ al correo electrónico mgarcialopez@yahoo.es o (12) ______ al número 546879102.

Ejercicio 4

TIEMPO

Completa las columnas con las expresiones relacionadas con el tiempo.
Uzupełnij kolumny wyrażeniami związanymi z pogodą.

nublado calor arco iris mal tiempo tormenta cubierto frío
nieve sol despejado lluvia viento buen tiempo

HACE	ESTÁ	HAY

[DÍA 14]

ARTÍCULO DETERMINADO

Ejercicio 1

Elige el artículo correcto.

Wybierz odpowiedni rodzajnik.

1. *El / La* problema de Juan es bastante grave.
2. *La / El* pescado está en el frigorífico.
3. *El / La* ejercicio es bueno para la salud.
4. Lávate *los / las* manos.
5. Estoy aquí todo *el / la* día.
6. *Los / Las* probadores están a la derecha.
7. *El / La* tema de este programa es muy interesante.
8. Vivo en *el / la* calle Juan Carlos II.
9. *El / La* corazón es rojo.
10. *Los / Las* gafas están en la mesa.

IR A + INFINITIVO

Ejercicio 2

Elige la opción adecuada.

Wybierz odpowiednią opcję.

1. Nosotros .... al cine esta tarde.
   a) vamos ir b) vamos a ir c) vamos yendo
2. Paco y Elena el domingo .... a su abuela.
   a) van a visitar b) van visitado c) van visitando
3. El año que viene yo .... en Varsovia.
   a) voy estudiado b) voy estudiando c) voy a estudiar
4. ¿ .... esta noche con nosotros?
   a) Vas salir b) Vas a salir c) Vas saliendo
5. Eva .... a Mallorca estas vacaciones.
   a) va ir b) va a ir c) va yendo
6. ¿ .... a Madrid el próximo fin de semana?
   a) Vais viniendo b) Vais venir c) Vais a venir
7. Mis padres .... de compras mañana por la tarde.
   a) van a ir b) van ir c) van ido
8. Mañana yo .... libros todo el día.
   a) voy a leer b) voy leer c) voy leyendo
9. ¿ .... en casa mañana?
   a) Vas comer b) Vas a comer c) Vas comido
10. Por la tarde .... por el parque.
   a) vamos a correr b) vamos correr c) vamos corriendo

Ejercicio 3

IMPERATIVO

En cada frase hay un error. Corrígelo.
W każdym zdaniu jest jeden błąd. Popraw go.

1. Cerra la ventana. (cerrar, tú) ....
2. Comen con nosotros. (comer, ustedes) ....
3. Lavados los dientes. (lavarse, vosotros) ....
4. Acuestese temprano. (acostarse, usted) ....
5. Véstete elegante para el teatro. (vestirse, tú) ....
6. Ven conmigo al cine. (ir, ustedes) ....
7. Empiezad a estudiar. (empezar, vosotros) ....
8. Sale con nosotros de marcha. (salir, usted) ....
9. Hace las maletas. (hacer, usted) ....
10. Abrid la puerta. (abrir, tú) ....
11. Tiren estas hojas a la basura. (tirar, vosotros) ....
12. Dúchanse y luego vamos a salir. (ducharse, ustedes) ....

Ejercicio 4

CIENCIA & TÉCNICA

Completa con las palabras adecuadas del cuadro.
Uzupełnij odpowiednimi słowami z ramki.

teclado cámara de video pegar impresora ordenador personal portátil ratón imprimir copiar correo electrónico cámara digital enviar teléfono móvil lector de CD – ROM recibir

En casa tengo un (1) ______ con un (2) ______ con el que puedo escribir y un (3) ______ que me permite moverme por la pantalla. El ordenador tiene también un (4) ______ , gracias al que puedo, por ejemplo, ver las películas en discos, y una (5) ______ para (6) ______ documentos. Utilizo varios programas, mi preferido es el editor de texto que me permite (7) ______ elementos de diferentes documentos y (8) ______ estas partes en otros ficheros.
Tengo también un ordenador pequeño, o sea, un (9) ______ . Lo utilizo sobre todo para navegar por Internet y (10) ______ (a alguien) y (11) ______ (de alguien) mensajes a través del (12) ______ .
Ayer me compré una (13) ______ porque me gusta viajar y tomar fotos. Para conservar los recuerdos uso además mi (14) ______ que me permite rodar películas. Sin embargo, a veces para no llevar tanto equipaje filmo y tomo fotos con el (15) ______ que me regaló mi novio. Es pequeñito y supermoderno, tiene muchísimas opciones.

[DÍA 15]

PRONOMBRE: OBJETO DIRECTO & INDIRECTO

Ejercicio 1

Completa con los pronombres adecuados del cuadro.

Uzupełnij odpowiednimi zaimkami z ramki.

me la (x 2) se la (x 3) se los (x 2) me lo nos las se lo

A mi amiga Lola y a mí nos encantan las rebajas. Esta semana Lola se ha comprado un vestido negro pero le está demasiado pequeño y (1) ______ ha dado a mí. Ha comprado también unos pantalones, que le quedan mal, así que (2) ______ ha dado a su hermana. En cambio, yo he comprado una corbata para mi novio, (3) ______ doy por su cumpleaños. A Lola y a mí nos han gustado las mismas faldas y (4) ______ hemos comprado iguales. Hemos visto también unos pendientes de plata y (5) ______ he comprado a mi madre.

Después de las compras hemos ido a una cafetería. Lola ha pedido una gran porción de helado de fresa y (6) ______ ha comido entera. Yo he tomado una macedonia pero no (7) ______ he comido porque no estaba fresca.

Por la tarde Lola me ha llamado y me ha dicho que le gusta muchísimo mi reloj, y (8) ______ he prestado para esa tarde. A cambio, ella me ha traído su chaqueta de pana y (9) ______ ha prestado también. (10) ______ voy a devolver mañana.

¡Qué bueno es tener una amiga!

PRETÉRITO INDEFINIDO

Ejercicio 2

En cada frase hay un error. Corrígelo.

W każdym zdaniu jest jeden błąd. Popraw go.

1. Hace tiempo fuemos al concierto de Manu Chao. ....
2. Anoche María bailió tango con Pedro. ....
3. Mi hijo le durmió en 10 minutos. ....
4. ¿A qué hora volvaste a casa el sábado por la noche? ....
5. El mes pasado mis abuelos estaron en París. ....
6. Ayer conducí el coche de mi hermano. ....
7. ¿Por qué os posiste los trajes para ir al cine? ....
8. ¿Qué haciste el domingo por la tarde? ....
9. Hace una semana vendastemos nuestro coche. ....
10. Mi perro morí en un accidente de tráfico. ....
11. Lola y Carmen viaron ayer una película de terror. ....
12. Anteayer Eduardo quise ir a la piscina. ....

Ejercicio 3

PREGUNTAS

Construye una frase con los elementos dados.
Ułóż zdanie z podanych elementów.

1. ¿ / ? / se llama / cómo / el padre / Carmen / de

....

2. ¿ / ? / en / Diego / está / la oficina

....

3. ¿ / ? / supermercado / necesitas / del / algo

....

4. ¿ / ? / camisas / más / cuál / estas / gusta / de / te

....

5. ¿ / ? / esta / quién / vamos / teatro / con / al / tarde

....

6. ¿ / ? / año / vas / adónde / vacaciones / este / de

....

7. ¿ / ? / qué / los / gustan / por / de / te / fines / semana

....

8. ¿ / ? / comer / dulce / quieres / algún

....

Ejercicio 4

TRABAJO

Relaciona la profesión con el lugar en que se la realiza.
Połącz zawód z miejscem, w którym się go wykonuje.

1. el profesor	a) la empresa
2. el médico	b) la oficina
3. el director	c) Correos
4. el cocinero	d) el coche
5. el periodista	e) la tienda
6. el taxista	f) la escuela
7. el abogado	g) la obra
8. la azafata	h) el hospital
9. el empleado	i) el tribunal
10. el vendedor	j) el taller
11. el cartero	k) el restaurante
12. el ingeniero	l) la peluquería
13. el mecánico	m) el avión
14. el peluquero	n) el periódico

[DÍA 16]

ESTAR

Ejercicio 1

Relaciona la forma del verbo *estar* con la persona adecuada.

Połącz odmieniony czasownik *estar* z odpowiednią osobą.

1. estamos	a) yo
2. estoy	b) tú
3. está	c) ellos/as, ustedes
4. estáis	d) nosotros/as
5. estás	e) él, ella, usted
6. están	f) vosotros/as

SUSTANTIVOS & ADJETIVOS: FORMA PLURAL

Ejercicio 2

Elige la opción correcta.

Wybierz odpowiednią opcję.

1. Es un amigo bueno. Son ....
   a) unas amigas buenas   b) unos amigos buenos   c) unos amigos buenas
2. Es un coche rojo. Son ....
   a) unos coches rojos   b) unos cochos rojos   c) unos coches rojes
3. Es una silla cómoda. Son ....
   a) unas sillas cómodos   b) unos sillas cómodos   c) unas sillas cómodas
4. Es un cartel azul. Son ....
   a) unos cartelos azulos   b) unos carteles azulos   c) unos carteles azules
5. Es una casa grande. Son ....
   a) unas casas grandas   b) unas casas grandos   c) unas casas grandes
6. Es un árbol verde. Son ....
   a) unos arboles verdes   b) unos árboles verdes   c) unos árboles verdos
7. Es un pastel rico. Son ....
   a) unos pastelos ricos   b) unos pasteles ricos   c) unas pastelas ricas
8. Es una mano sucia. Son ....
   a) unas manos sucias   b) unos manos sucias   c) unos manos sucios
9. Es un día largo. Son ....
   a) unos días largos   b) unas días largas   c) unos díaos largas
10. Es un hermano hablador. Son ....
   a) unos hermanos habladoros   b) unos hermanos habladores   c) unos hermanos hablador
11. Es una tía simpática. Son ....
   a) unas tías simpática   b) unas tías simpáticas   c) unos tías simpáticos

Ejercicio 3

PRESENTE DE INDICATIVO

En cada frase hay un error. Corrígelo.

W każdym zdaniu jest jeden błąd. Popraw go.

1. Las clases empezan a las 8 de la mañana. ....
2. El camarero nos sirva la comida. ....
3. ¿Qué piensáis de esta película? ....
4. Pablo se vieste muy bien. ....
5. ¿Podes ayudarme? ....
6. ¿De dónde venes? ....
7. Siempre dicimos la verdad. ....
8. Los lunes salo de casa muy temprano. ....
9. Mi hermano juga muy bien al tenis. ....
10. Los domingos Manolo le despierta a las 9:30. ....

Ejercicio 4

COMIDA

Completa los nombres de los productos alimenticios.

Uzupełnij nazwy produktów spożywczych.

1. lo compramos en la panadería, se usa para hacer bocadillos – _ A _
2. la comemos de primer plato, es líquida, por ejemplo, gazpacho – _ O _ A
3. es de color amarillo, podemos comer los bocadillos con él; está hecho de leche – _ U E _ _
4. lo comemos de segundo plato, es un ave – P _ _ L _
5. es el nombre general para los productos hechos de animales – _ _ R N _
6. un tipo de carne; podemos comer los bocadillos con él. – J _ _ _ N
7. acompaña a la carne en la comida en vez de patatas; es de China. – _ R R _ _
8. acompaña a la comida, está hecha de verduras. – _ N _ _ L _ D _
9. una verdura redonda y roja, muy popular para las ensaladas y como base de salsas. – _ O M _ _ E
10. una verdura larga y verde, muy popular para las ensaladas – _ E P _ N _
11. una fruta redonda y roja, verde o amarilla; es la fruta más popular en Europa. – _ A _ Z _ N _
12. una fruta redonda y de color naranja; crece en los países cálidos. – _ _ R _ _ J _
13. una fruta larga y amarilla; se dice que la comen los monos. – _ L _ T _ _ O
14. una verdura larga y de color naranja; se dice que la comen los conejos. – Z A _ _ H _ _ I _
15. la usamos para untar el pan antes de poner el queso o jamón; está hecha de leche – _ A _ T _ Q _ _ L _ A

[DÍA 17]

ARTÍCULOS DETERMINADOS & INDETERMINADOS

Ejercicio 1

Completa con el artículo determinado o indeterminado adecuado.
Uzupełnij odpowiednim rodzajnikiem określonym lub nieokreślonym.

Tengo (1) .... amigos que se llaman Juan y Sofía. Viven en (2) .... ciudad cerca de Madrid. Tienen (3) .... coche moderno y (4) .... jardín grande. Tienen también (5) .... gato. (6) .... gato se llama Marco.

Juan trabaja en (7) .... oficina. (8) .... oficina está en la calle Menéndez Pidal. A Juan le gustan (9) .... lenguas. Ahora quiere aprender italiano, cada día hace (10) .... ejercicios de gramática.

Sofía es profesora de inglés. Trabaja en (12) .... escuela Nuestra Señora de la Paz. Tiene (13) .... estudiantes muy buenos y (14) .... amigas muy simpáticas.

A Juan y Sofía les gusta viajar, siempre pasan (15) .... vacaciones en (16) .... mar o en (17) .... montañas.

COMPARATIVOS REGULARES & IRREGULARES

Ejercicio 2

En el texto hay 12 errores. Corrígelos.
W tekście jest 12 błędów. Popraw je.

Tengo dos amigas, Lola y Natalia, que son totalmente diferentes. Lola es más baja y delgada como Natalia. Es también mayor porque tiene 20 años y Natalia tiene 22. Sin embargo, Natalia es una estudiante peor, siempre estudia muchísimo y obtiene menores notas. Lola es tan trabajadora que Natalia pero siempre le va peores en la escuela. En cambio, Natalia es un poco más vaga pero siempre tiene mejor resultados. Las dos chicas son mis peores amigas, Natalia es más simpática como Lola. Lola es una persona menos tranquila, le gusta pasar el tiempo libre leyendo un libro o viendo la tele, mientras que Natalia es tan viva, le entusiasma salir por la noche, practicar deporte y viajar. Natalia es también más graciosa como Lola, siempre cuenta unos chistes buenísimos.

Ejercicio 3

IMPERATIVO

Elige la opción correcta.

Wybierz odpowiednią opcję.

1. No lo .... (hacer, tú).
   a) haces   b) hagas   c) hace
2. No........................ (hablar, vosotros) tan alto, por favor.
   a) habláis   b) habléis   c) hablad
3. No........................ (encender, usted) la luz.
   a) encienda   b) enciende   c) encenda
4. No........................ (sentarse, ustedes) en estas sillas, están estropeadas.
   a) siéntense   b) se senten   c) se sienten
5. No .... (ir, ustedes) en coche, cojan el autobús.
   a) vayan   b) ven   c) van
6. No .... (acostarse, vosotros) tan temprano.
   a) os acostéis   b) os acuestéis   c) os acuestad
7. No .... (volver, tú) tarde.
   a) vuelva   b) vuelve   c) vuelvas
8. No .... (decir, ustedes) mentiras.
   a) dicen   b) dican   c) digan
9. No .... (ser, vosotros) tontos.
   a) séis   b) seáis   c) sáis
10. No .... (hacer, ustedes) tanto ruido.
    a) hacen   b) hacan   c) hagan

Ejercicio 4

DÍAS DE LA SEMANA

Coloca los días de la semana en el orden correcto.

Ułóż dni tygodnia w odpowiedniej kolejności.

el miércoles   el jueves   el domingo   el lunes
el sábado   el martes   el viernes

1.
2.
3.
4.
5.
6.
7.

[DÍA 18]

PRESENTE DE INDICATIVO

Ejercicio 1

Forma frases conjugando los verbos de acuerdo con la persona del sujeto.
Utwórz zdania odmieniając czasownik zgodnie z osobą podmiotu.

1. ¿ ir (tú) / Cómo / al trabajo?

....

2. ¿ de la escuela / A qué hora / volver (vosotros) ?

....

3. acostarse / Los fines de semana Juan / muy tarde.

....

4. polaca. / Ser (yo)

....

5. vestirse / elegante. / Alberto y Carmen nunca

....

6. lo que dice el Presidente? / ¿Oír (tú)

....

7. este sábado. / casarse / Mis vecinos

....

8. cada día. / afeitarse / Miguel

....

PRETÉRITO PERFECTO

Ejercicio 2

Completa con la forma verbal adecuada del cuadro.
Uzupełnij odpowiednią formą czasownika z ramki.

he escrito   han venido   me he levantado   me he acostado   he comido
he tenido   he abierto   ha hablado   he hecho   he leído   he vuelto
he visto   hemos hablado   he trabajado   han comprado

Hoy (1) ______ un día bastante bueno. (2) ______ a las 5 de la mañana para ir al trabajo. (3) ______ de 6 a 14. Primero, (4) ______ la tienda y (5) ______ la limpieza. A las 7 (6) ______ los primeros clientes que (7) ______ pan y leche. (8) ______ del tiempo y de la política. Un cliente me (9) ______ sobre una película buenísima en el cine que todavía no (10) ______ . Después del trabajo (11) ______ a casa, (12) ______ pollo con patatas fritas, (13) ______ una carta a mi hijo que estudia en Francia y (14) ______ un periódico. (15) ______ pronto, a las 8 de la noche.

Ejercicio 3

ORDINALES

Relaciona.

Połącz.

1. 1°	a) tercero
2. 2°	b) décimo
3. 3°	c) quinto
4. 4°	d) primero
5. 5°	e) octavo
6. 6°	f) segundo
7. 7°	g) noveno
8. 8°	h) cuarto
9. 9°	i) sexto
10. 10°	j) séptimo

Ejercicio 4

CASA

Completa el mobiliario de cada habitación con las palabras del cuadro.

Uzupełnij wyposażenie każdego pokoju słowami z ramki.

la ducha el horno la cama el lavabo el armario la alfombra el sofá
la bañera la mesilla de noche el lavaplatos el espejo la librería
la mesa el microondas las sillas

el dormitorio	la cocina	el cuarto de baño	la sala de estar / el salón

[DÍA 19]

ARTÍCULO INDETERMINADO

Ejercicio 1

Completa con el artículo indeterminado adecuado.
Uzupełnij odpowiednim rodzajnikiem nieokreślonym.

1. Pedro es .... hombre muy serio.
2. En la cocina hay .... nevera.
3. Tengo .... lápiz y .... bolígrafo.
4. Salma es .... actriz muy guapa.
5. Eres .... estudiante muy buena.
6. En el salón tenemos .... mesa de madera.
7. En el sótano hay .... armarios viejos.
8. Manolo es .... padre muy responsable.
9. Quiero tener .... coche deportivo.
10. Mis vecinos son .... personas muy ruidosas.

PRONOMBRE: OBJETO DIRECTO

Ejercicio 2

Completa con el pronombre de objeto directo adecuado.
Uzupełnij odpowiednim zaimkiem w funkcji dopełnienia bliższego.

lo x 3 la x 4 los x 3 las x 2

1. Leo el periódico.	.... leo.
2. Mi madre ve la tele.	Mi madre .... ve.
3. Vemos a Pablo.	.... vemos.
4. Mis amigos leen libros de aventuras.	Mis amigos .... leen.
5. Pablo está escribiendo las cartas.	Pablo .... está escribiendo.
6. Comemos muchas verduras.	.... comemos.
7. Vendo los coches.	.... vendo.
8. Saludo a María.	.... saludo.
9. Estoy bebiendo el zumo de naranja.	.... estoy bebiendo.
10. Compramos la camisa.	.... compramos.
11. Ayer vieron una película.	Ayer .... vieron.
12. Mañana vamos a visitar a los abuelos.	Mañana vamos a visitar ....

Ejercicio 3

PRONOMBRES POSESIVOS

Completa con el pronombre posesivo adecuado.

Uzupełnij odpowiednim zaimkiem dzierżawczym.

1. .... amiga se llama María.
   a) Mis b) Tus c) Mi
2. Manuel tiene un perro. .... perro es negro.
   a) Su b) Nuestro c) Tu
3. Mi marido y yo tenemos una casa. .... casa es grande.
   a) Nuestra b) Vuestro c) Nuestro
4. Vosotros tenéis dos coches. .... coches son rojos.
   a) Vuestro b) Vuestros c) Vuestras
5. Los señores López tienen un hijo. .... hijo se llama Carlos.
   a) Su b) Sus c) Mi
6. .... hija se llama Marta, ¿verdad?
   a) Tu b) Tus c) Sus
7. .... libros de gramática están en la librería.
   a) Mi b) Su c) Mis
8. ¿ .... hermanas viven en Madrid?
   a) Tus b) Tu c) Su
9. Paco tiene un bolígrafo. .... bolígrafo es azul.
   a) Mi b) Su c) Tu
10. Juan y yo tenemos unas maletas. .... maletas son negras.
    a) Nuestra b) Nuestras c) Vuestras

Ejercicio 4

PARTES DEL CUERPO

Completa los nombres de las partes del cuerpo.

Uzupełnij nazwy części ciała.

Mi hijo está aprendiendo las partes del cuerpo y ha inventado su propio ejercicio para memorizar bien las palabras:

"Mi cuerpo tiene muchas partes. En la mano tengo cinco (1) _ _ D _ S. Gracias a mi (2) _ J _ puedo ver, y gracias a la (3) _ R _ J _ puedo oír y escuchar música.

Además, tengo dos (4) P I _ _ _ A _, ando en ellas y me permiten ir en bicicleta. La parte inferior de mi pierna se llama (5) _ _ E. El (6) _ E L _ crece en mi cabeza. Lo corta mi peluquero. La cabeza está situada en mi (7) _ U _ _ L _. Tengo también dos (8) B _ _ Z _ _ que constan de las manos y los dedos. La parte del dedo que las chicas pueden pintar de varios colores se llama (9) _ _ A y el pelo que crece en la cara de los hombres se llama (10) _ A _ B _."

[DÍA 20]

PRESENTE DE INDICATIVO

Ejercicio 1

Completa con la forma verbal adecuada del cuadro.
Uzupełnij odpowiednią formą czasownika z ramki.

vivo tengo soy salimos puedo me visto me llamo trabajo nos acostamos me despierto hago queremos salgo empieza jugamos

(1) ______ Juan Carlos y (2) ______ abogado. (3) ______ en Barcelona y allí (4) ______ . Siempre (5) ______ muy temprano, a las seis de la mañana, porque (6) ______ mucho trabajo y (7) ______ muchas cosas.
A mis amigos y a mí nos gusta muchísimo viajar. Este año (8) ______ ir a Japón. Además, en nuestro tiempo libre (9) ______ al tenis o (10) ______ a cenar y (11) ______ tarde. Aunque no (12) ______ salir durante la semana, cuando (13) ______ el fin de semana siempre (14) ______ bien y (15) ______ de fiesta.

PRETÉRITO INDEFINIDO: VERBOS IRREGULARES

Ejercicio 2

Completa con la forma verbal adecuada.
Uzupełnij odpowiednią formą czasownika.

1. El otro día le .... (**dar, nosotros**) un regalo a Jorge.
2. ¿Cuándo .... (**venir, tú**)?
3. .... (**querer, yo**) comprar el coche pero no .... (**poder, yo**) porque no tenía dinero.
4. Mis padres me .... (**decir, ellos**) que .... (**ver, ellos**) a Lucía en el teatro.
5. ¿Las vacaciones pasadas .... (**estar, vosotros**) en Grecia?
6. Ayer .... (**traer, nosotros**) las frutas para el zumo.
7. Juan .... (**hacer, él**) los deberes y después .... (**poner, él**) la tele.
8. Anteayer .... (**ir, yo**) al médico.
9. Aquel espectáculo .... (**ser, él**) muy aburrido.
10. En julio del año pasado los señores García .... (**estar, ellos**) en Roma y .... (**ver, ellos**) muchos monumentos interesantes.
11. El invierno pasado .... (**haber**) mucha nieve e .... (**hacer**) frío.
12. Anoche .... (**quedar, yo**) con mi novio y .... (**ver, nosotros**) una película romántica.
13. Cuando .... (**ver, él**) a su novia bailando con otro hombre .... (**ponerse, él**) muy celoso.
14. Todo el día .... (**conducir, yo**) el coche y cuando .... (**volver, yo**) a casa, ... (**dormirse, yo**) en 5 minutos.

Ejercicio 3

IMPERATIVO

Elige la opción correcta.
Wybierz odpowiednią opcję.

1. *Despiértate / Te despierta*, Juan, ya son las 8.
2. *Vístase / Se vista* elegante, que vamos a la ópera.
3. *Sentaos / Sentados* en estas sillas, son muy cómodas.
4. *Se preparen / Prepárense* algo de comer, hay de todo en la nevera.
5. *Lavese / Lávese* las manos antes de comer.
6. *Dúchate / Te ducha* y luego ve a comer.
7. *Peinados / Peinaos*, allí está el peine.
8. *Levántense / Levantense* a las 7, tenemos que salir a las 8.
9. *Quédate / Te quedes* en casa, hace demasiado frío para salir.
10. Si le gusta el verde, *cómprese / se compra* un coche de ese color.
11. Hijo, *casate / cásate* con Eva, es una chica muy buena.
12. Si no les gusta Madrid, *mudadse / múdense* a otra ciudad.

Ejercicio 4

CARÁCTER

Relaciona las palabras de sentido opuesto (antónimos).
Połącz słowa o przeciwstawnym znaczeniu.

1. simpático	a) nervioso
2. alegre	b) tonto
3. tranquilo	c) pesimista
4. hablador	d) antipático
5. trabajador	e) maleducado
6. educado	f) triste
7. inteligente	g) serio
8. paciente	h) aburrido
9. generoso	i) tacaño
10. interesante	j) descarado
11. cortés	k) callado
12. gracioso	l) cerrado
13. optimista	m) vago
14. abierto	n) impaciente

[DÍA 21]

PRESENTE DE INDICATIVO

Ejercicio 1

Completa con la forma verbal adecuada del cuadro.

Uzupełnij odpowiednimi formami czasownika z ramki.

preferimos hago cuesta me despierto construyen empiezan piensas dormís se siente quiero

1. Siempre ________ a las 8 de la mañana.
2. ________ aprobar este examen, por eso estudio mucho.
3. Pablo y María ________ a estudiar japonés.
4. ¿Cuánto ________ este libro?
5. ¿ ________ la siesta?
6. ________ el avión al tren.
7. ¿Qué ________ de este cuadro?
8. ¿ ________ mal? ¿Qué le duele?
9. En mi ciudad ________ una piscina cubierta.
10. Siempre ________ la cama después de despertarme.

PRETÉRITO PERFECTO

Ejercicio 2

En cada frase hay un error. Corrígelo.

W każdym zdaniu jest błąd. Popraw go.

1. Hoy he me despertado a las 7:30 de la mañana. ....
2. Pedro, Juan, ¿nunca hais estado en Italia? ....
3. Hemos escribido la carta a la abuela. ....
4. Esta mañana he hacido la compra. ....
5. Hamos bebido todo el zumo. ....
6. Este mes comprado un coche para mi hija. ....
7. ¿Has te duchado ya? ....
8. Miguel se ha rompido la pierna. ....
9. Mario y Diego habéis comido la paella. ....
10. Este año e ido a Grecia a visitar a mi tía. ....

Ejercicio 3

NUMERALES

Completa con el nombre adecuado del numeral.

Uzupełnij odpowiednią nazwą liczebnika.

Mi familia es bastante grande. Vivo con mi madre, que tiene 45 (1) .... años y mi padre, que tiene 52 (2) .... años. Yo me llamo Juan y tengo 15 (3) .... años. Tengo también una hermana, Lola, que es 7 (4) .... años mayor que yo y un hermano, Pablo, que es 3 (5) .... años menor. Tengo también muchos tíos y tías, ¡y unos 17 (6) .... primos! Además, tengo una bisabuela que ya tiene 90 (7) .... años.
Vivimos todos en Madrid. Mi dirección es: C/ Cervantes no 16 (8) ....
Me interesa coleccionar sellos, ya tengo unos 60 (9) .... sellos diferentes pero mi amigo es mejor, él tiene 70 (10) .... sellos, cada uno de un país diferente. Además, me gusta cocinar. Sé preparar bien unos 13 (11) .... platos. Me encanta también viajar, hasta ahora he visitado 6 (12) .... países.

Ejercicio 4

VIAJES

Completa con las expresiones del cuadro.

Uzupełnij wyrażeniami z ramki.

de ida y vuelta   aquí tiene   necesito información sobre   cuánto es
hay otro   para qué día   descuento   sale   para fumadores o no fumadores
llega   querría comprar un billete   asiento o litera

En la estación de tren.

– Buenos días.
– Buenos días. (1) .... los trenes de Toledo a Madrid.
– ¿ (2) .... ?
– Para este sábado.
– Hay un tren que (3) .... a las 8:00 y (4) .... a Madrid a las 8:33.
– ¿ (5) .... cerca de las 10:00?
– Sí, hay uno a las 10:10, en Madrid a las 10:43.
– Perfecto. (6) ....
– Bien. ¿ (7) .... ?
– Ida y vuelta.
– ¿(8) .... ?
– Asiento.
– ¿(9) .... ?
– No fumadores, por favor. ¿Hay algún (10) .... para los estudiantes?
– Claro, ¿tiene su carné estudiantil?
– Sí, tome. ¿(11) .... ?
– Son 5 euros.
– (12) .... Muchas gracias.
– A usted.

[DÍA 22]

PRESENTE DE INDICATIVO

Ejercicio 1

Completa con la forma verbal adecuada del cuadro.
Uzupełnij odpowiednią formą czasownika z ramki.

estoy	descanso	voy (x 2)	me despierto	llamo	me cepillo	salgo
empiezo	me acuesto	me levanto	me peino	hago	me afeito	desayuno

Cada lunes (1) ______ a las 6:30 y (2) ______ inmediatamente después. (3) ______ al cuarto de baño, (4) ______ los dientes, (5) ______ porque no me gusta llevar barba ni bigote, y (6) ______ el pelo. Luego (7) ______ un bollo y café, y (8) ______ para ir a trabajar. Siempre (9) ______ en autobús. (10) ______ a trabajar a las 8:00 y (11) ______ en el trabajo hasta las 16. Por la tarde (12) ______ la compra. Después (13) ______ un poco viendo la tele. (14) ______ a mi madre o a algún amigo. (15) ______ alrededor de las 23:00.

PRETÉRITO INDEFINIDO

Ejercicio 2

Completa con la forma verbal adecuada.
Uzupełnij odpowiednią formą czasownika.

1. Pepe no sabía la respuesta y no .... (aprobar, él) el examen.
2. Ayer .... (perder, yo) las llaves.
3. Anoche Juan y Manolo no .... (poder, ellos) salir.
4. Ayer .... (ser, él) un día horrible.
5. ¿A qué hora .... (venir, tú) ayer?
6. En la exposición .... (ver, nosotros) un cuadro muy bonito y lo .... (comprar, nosotros).
7. ¿Por qué no .... (decir, vosotros) la verdad a vuestra madre?
8. Marco .... (ponerse, él) la corbata y .... (ir, él) a la cita con Natalia.
9. Cuando el camarero les .... (traer, él) el café, ... (pedir, ellos) la cuenta.
10. El sábado .... (levantarse, yo) a las 9 de la mañana y después .... (hacer, yo) la limpieza.

Ejercicio 3

PRETÉRITO INDEFINIDO

Completa las columnas con los verbos adecuados del cuadro.

Uzupełnij kolumny odpowiednimi czasownikami z ramki.

hablar estar saber comer decir vivir hacer bailar ir salir
ser tener abrir poder conocer

Verbos regulares	Verbos irregulares

Ejercicio 4

PROFESIONES

Relaciona los nombres de las profesiones con las definiciones adecuadas.

Połącz nazwy zawodów z odpowiednimi definicjami.

1. una enfermera	a) vigila y garantiza la seguridad de edificios
2. un cartero	b) desempeña un cargo directivo en una empresa
3. un científico	c) trabaja en madera y construye objetos con ella
4. un fontanero	d) cura enfermedades mediante intervenciones quirúrgicas
5. una abogada	e) reparte las cartas del servicio de correos
6. un carpintero	f) se dedica a la instalación o reparación de cañerías, etc.
7. una intérprete	g) ayuda a los médicos y atiende a los enfermos en hospitales
8. un agente de seguridad	h) defiende en un juico los intereses de su cliente
9. un sastre	i) se dedica al estudio o práctica de una o más ciencias
10. una ejecutiva	j) su oficio consiste en atender a los pasajeros de un avión
11. un cirujano	k) corta y cose vestidos
12. una azafata	l) su trabajo consiste en traducir de una lengua a otra

[DÍA 23]

SUSTANTIVOS & ADJETIVOS: GÉNERO MASCULINO & FEMENINO

Ejercicio 1

Elige la opción correcta.

Wybierz odpowiednią opcję.

1. Penélope Cruz es una *actora famosa / actriz famosa*.
2. Mi madre es una *cocinera buena / cociniera buena*.
3. Letizia es una *principesa guapa / princesa guapa*.
4. Mi vecina es una *vendedor trabajadora / vendedora trabajadora*.
5. Soy una *estudianta vaga / estudiante vaga*.
6. Clara es una *padre cariñosa / madre cariñosa*.
7. Tenemos una *galla negra / gallina negra*.
8. Me gustaría ser una *reina rica / reya rica*.
9. Por mi cumpleaños he recibido una *gata negra / gatusa negra*.
10. Eres una *hombra inteligente / mujer inteligente*.

INTERROGACIONES

Ejercicio 2

Completa con un interrogativo adecuado del cuadro.

Uzupełnij odpowiednim zaimkiem pytajnym z ramki.

Cuál x2 Cuándo Cómo x2 Dónde
De dónde Cuántos Cuánto

1. – ¿ ______ años tienes?
   – Tengo 27 años.
2. – ¿ ______ te llamas?
   – Me llamo Manolo.
3. – ¿ ______ eres?
   – Soy de Francia.
4. – ¿ ______ es tu número de teléfono?
   – Es 786098742
5. – ¿ ______ está tu padre?
   – Bien, gracias.
6. – ¿ ______ está la farmacia?
   – Al lado del cine.
7. – ¿ ______ cuesta esta camisa?
   – 10 euros
8. – ¿ ______ es tu cumpleaños?
   – El 3 de enero.
9. – ¿ ______ es tu profesión?
   – Soy médico.

Ejercicio 3

PRESENTE DE INDICATIVO: VERBOS REFLEXIVOS

Elige la forma verbal adecuada.
Wybierz odpowiednią formą czasownika.

1. Mi padre *os llama / se llama* Antonio.
2. *Me lavo / te lavo* los dientes dos veces al día.
3. ¿*Nos duchas / Te duchas* por la mañana o por la noche?
4. *Nos llamamos / Os llamamos* Jorge y Diego.
5. ¿A qué hora *os levantáis / se levantáis* normalmente?
6. Alberto y su hermano *me afeitan / se afeitan* tres veces a la semana.
7. Siempre *me maquillo / se maquillo* cuando voy a una fiesta.
8. Lola es muy divertida, *se ríe / le ría* todo el tiempo
9. Los domingos Ana *se levanta / os levanta* a las 10 de la mañana.
10. Ustedes *nos llaman / se llaman* Marco y Juan, ¿verdad?
11. Mi hermana siempre *alegrase / se alegra* cuando la visito.
12. ¡Nunca *se cansáis / os cansáis* de hablar por teléfono!

Ejercicio 4

DELINCUENCIA

Completa con las palabras del cuadro.
Uzupełnij słowami z ramki.

pistola delincuentes tribunal cárcel víctimas asesino robó robo criminales castigo puso una bomba terroristas ladrón jueces traficantes

Un artículo del periódico

OTRAS (1) ____________

Ayer por la noche en una casa en la C/ Cervantes entró un (2) ____________ y (3) ____________ dinero y joyas. Mientras tanto, en las afueras de la ciudad alguien (4) ____________ en un banco pero, por suerte, no estalló.

En el centro, en la C/ Gracia, un (5) ____________ mató con una (6) ____________ a una anciana de 88 años que vivía sola. No se sabe por qué, ya que la policía no ha dicho nada del (7) ____________ del dinero u otras cosas.

Esperamos que todos los (8) ____________ acaben ante el (9) ____________ y vayan a la (10) ____________ .

Los (11) ____________ deben ser severos con toda clase de (12) ____________ . Pero a nuestro juicio, los que merecen el peor (13) ____________ son los (14) ____________ que hacen explotar a coches y edificios, los asesinos que matan sin piedad y los (15) ____________ de drogas que les venden narcóticos a los jóvenes.

[DÍA 24]

INTERROGACIONES

Ejercicio 1

Elige el interrogativo adecuado.

Wybierz odpowiedni zaimek pytajny.

Me llamo Ana María Ibáñez López y soy periodista de la revista para gente joven "Estrella". Hoy he hablado con un famoso cantante, Enrique Iglesias.

...

Ana: ¿ (1) *Qué / Cómo* tal?

Enrique: Muy bien, ¿y tú?

A.: Bien, gracias. Quería preguntarte algunas cosas que quieren saber de ti nuestros lectores.

E.: Adelante.

A.: ¿ (2) *Cómo / Cuál* se llama tu perro?

E.: Diego.

A.: ¿ (3) *De dónde / Dónde* vives?

E.: En los Estados Unidos.

A.: ¿ (4) *Qué / Cuál* es tu color preferido?

E.: El blanco.

A.: ¿ (5) *Cuántos / Cuánto* pantalones tienes?

E.: Unos 30.

A.: ¿ (6) *Qué / Cuál* prefieres: café solo o café con leche?

E.: Siempre café solo.

A.: ¿ (7) *Cómo / Qué* lenguas hablas?

E.: Español e inglés.

A.: ¿ (8) *Cuándo / Cuántos* hermanos tienes?

E.: Un hermano y tres hermanas.

A.: ¿ (9) *Quién / Qué* es tu actriz preferida?

E.: Demi Moore.

A.: ¿ (10) *Cuándo / Dónde* es tu cumpleaños?

E.: El 8 de mayo.

A.: Muchas gracias por la entrevista.

E.: De nada. ¡Hasta luego!

Ejercicio 2

SUSTANTIVOS & ADJETIVOS: FORMA PLURAL

Elige la opción correcta.

Wybierz odpowiednią opcję.

Mi clase es bastante grande. Tenemos (1) *unas mesas rojes / unas mesas rojas* y (2) *unas sillas marronas / unas sillas marrones*. En la pared hay (3) *unos cartelos bonitos / unos carteles bonitos*. En nuestra clase hay también tres (4) *armarios verdes / armarios verdos*. En ellos hay (5) *varios libros interesantes / varios libros interesantos*.

En mi clase hay 20 estudiantes. Hay dos (6) *chicos alemanos / chicos alemanes*, tres (7) *chicos japoneses / chicos japonesos* y dos (8) *chicas estadounidensas / chicas estadounidenses*. Son (9) *unos compañeros buenas / unos compañeros buenos* y (10) *unos estudiantes trabajadores / unos estudiantes trabajadoros*.

Ejercicio 3

PRESENTE DE INDICATIVO

Pon las frases sobre el día de Pedro en orden cronológico.

Ułóż zdania o dniu Pedro w kolejności chronologicznej.

1. Desayuna.
2. Se levanta.
3. Se acuesta.
4. Sale de casa.
5. Se cepilla los dientes y se afeita.
6. Vuelve a casa.
7. Se despierta.
8. Trabaja de 9:30 a 17:30.
9. Se ducha y se lava los dientes.
10. Cena.

Ejercicio 4

FAMILIA & RELACIONES INTERPERSONALES

Relaciona las preguntas con las respuestas.

Połącz pytania z odpowiedziami.

1. ¿Cuántos años tienes?	a) No, estoy soltera.
2. ¿Tienes hermanos?	b) Nací en Córdoba.
3. ¿Cuándo naciste?	c) Nació el 8 de mayo de 1987.
4. ¿Tienes hijos?	d) No, no tengo hijos.
5. ¿Estás casada?	e) Sí, se llama Margarita.
6. ¿Cuándo nació tu primer hijo?	f) Nací el 1 de enero de 1966.
7. ¿Cuántos años tiene tu hermana?	g) No, soy hijo único.
8. ¿Tienes novia?	h) No, soy viudo.
9. ¿Estás divorciado?	i) Ella tiene 15 años.
10. ¿Dónde naciste?	j) Tengo 30 años.

[DÍA 25]

COMPARATIVOS: REGULARES & IRREGULARES

Ejercicio 1

Compara las siguientes personas y cosas.

Porównaj poniższe osoby i rzeczy.

Ejemplo: *Mi niño / tu niño – bueno* *Mi niño es mejor que tu niño.*

1. El avión (200 euros) / el tren (30 euros) – caro ....
2. Pablo (1,76) / José (1,89) – alto ....
3. Mi abuelo (90 años) / mi abuela (86 años) – mayor ....
4. Mi casa (200 m2) / tu casa (200 m2) – grande ....
5. Eva (66 kg) / Marta (60 kg) – delgada ....
6. Tu coche (Ferrari) / mi coche (Fiat) – bueno ....
7. Tu escuela / mi escuela – malo ....
8. Mi hermano (13 años) / mi hermana (20 años) – joven ....
9. Pedro (1,78) / Diego (1,78) – alto ....
10. Esta camisa (20 euros) / estos pantalones (50 euros) – barata ....
11. El hotel de 5 estrellas / el hotel de 2 estrellas – bueno ....
12. Yo (27 años) / tú (25 años) – viejo ....

PRESENTE DE INDICATIVO

Ejercicio 2

Completa el crucigrama.

Uzupełnij krzyżówkę.

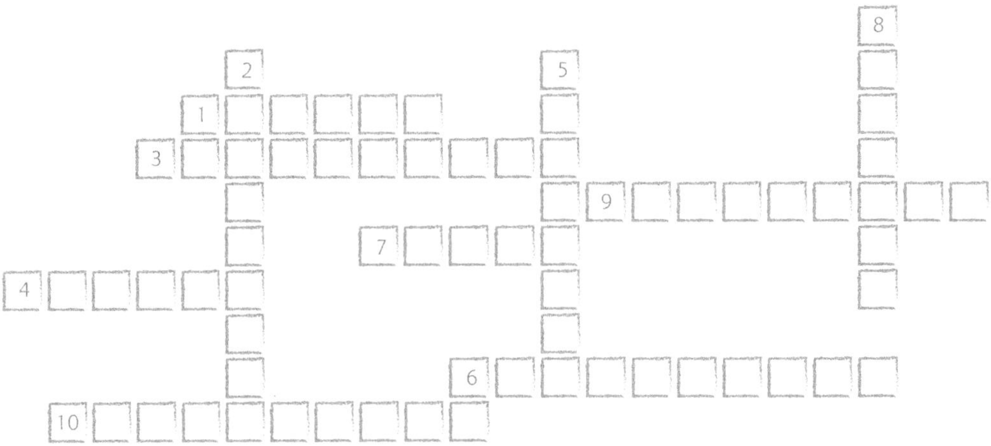

1. poder, él. 2. pensar, nosotros. 3. levantarse, yo. 4. jugar, él. 5. conocer, yo.
6. comenzar, vosotros. 7. hacer, yo. 8. venir, tú. 9. peinarse, ellos. 10. construir, vosotros.

Ejercicio 3

PRETÉRITO INDEFINIDO

Elige la forma verbal adecuada.
Wybierz odpowiednią formę czasownika.

1. ¿Qué ropa *te pusiste / pusiste te* para la fiesta?
2. María *se vistió / vistióse* muy elegante para la reunión.
3. Las vacaciones pasadas *os bañamos / nos bañamos* en el Mar Negro.
4. Mis hijos *laváronse / se lavaron* los dientes y se fueron a dormir.
5. ¿*Se duchaste / Te duchaste* ayer?
6. Pablo estaba tan cansado que *se durmió / le durmió* enseguida.
7. Marco y Juan se pelearon y Juan *se fue / nos fue* a casa.
8. Tuve que irme a casa. *Me hizo / Se hizo* tarde.
9. ¿A qué hora *os despedisteis / les despedisteis* y os fuisteis a dormir?
10. Ayer *me vestí / se vestí* con ropa deportiva.

Ejercicio 4

TRABAJO

Completa el texto con las palabras adecuadas del cuadro.
Uzupełnij tekst odpowiednimi słowami z ramki.

mi currículum vítae — ascenso — mi formación — la empresa — sueldo — las competencias — estoy en paro — una carta de motivación — las vacaciones — ganar — el seguro — mi experiencia profesional — las horas extra — un puesto de trabajo — una entrevista

Me llamo Juan Antonio y (1) ______, es decir, no tengo ningún trabajo. Solicito (2) ______ porque necesito (3) ______ dinero. Mañana voy a (4) ______ a (5) ______ "Jiménez&García". Llevo conmigo (6) ______ (la historia de mi vida) y (7) ______ (un texto que explica por qué soy el mejor candidato). Seguro que el jefe me va a preguntar por (8) ______ (qué y dónde he estudiado), (9) ______ (dónde, cuánto tiempo y en qué puesto he trabajado) y (10) ______ (qué sé hacer bien). Si les gusto, vamos a hablar del (11) ______ (el dinero que voy a obtener por el trabajo), (12) ______ (el dinero que la empresa paga a la agencia de seguros por si el trabajador tiene algún accidente), (13) ______ (el tiempo adicional que paso en el trabajo), (14) ______ (el tiempo libre del trabajo) y las posibilidades de (15) ______ (las posibilidades de obtener un mejor puesto de trabajo con el paso del tiempo).

[DÍA 26]

PRESENTE DE INDICATIVO

Ejercicio 1

Relaciona el verbo con la forma adecuada de la primera persona del singular.
Połącz czasownik z odpowiednią formą pierwszej osoby liczby pojedynczej.

1. decir	a) destruyo
2. oír	b) traduzco
3. venir	c) doy
4. salir	d) digo
5. hacer	e) vengo
6. conocer	f) pongo
7. saber	g) tengo
8. dar	h) sé
9. traducir	i) conozco
10. poner	j) oigo
11. tener	k) hago
12. destruir	l) salgo

IMPERATIVO

Ejercicio 2

Completa con la forma del Imperativo adecuada del cuadro.
Uzupełnij odpowiednią formą trybu rozkazującego z ramki.

ponte apaga vaya haz salga acuéstate hable venga estudia vuelve limpia lávate

Mi madre es muy estricta y siempre me dice qué tengo que hacer. Me da órdenes, por ejemplo: (1) "__________ las manos antes de comer", (2) "__________ un gorro, hace mucho frío", (3) "__________ temprano, mañana tienes que levantarte a las 6", (4) "__________ a casa antes de las 22", (5) "__________ los deberes", (6) "__________ tu habitación, está muy sucia", (7) "__________ más para tener buenas notas" o (8) "__________ la luz cuando salgas de la habitación".

Mi madre le da órdenes también a nuestra vecina, Betty, que es inglesa, pero con ella es más educada que conmigo: (9) "__________ más despacio, por favor", (10) "__________ a comer con nosotros este domingo", (11) "__________ con nosotros de fiesta el sábado", (12) "__________ con nosotros de vacaciones a Grecia este julio".

Ejercicio 3

ESTAR + GERUNDIO / PRESENTE DE INDICATIVO

Elige la opción correcta.
Wybierz odpowiednią opcję.

1. El niño *duerme / está durmiendo* en su habitación.
2. El próximo mes *voy / estoy yendo* de vacaciones.
3. No tengo tiempo, *estudio / estoy estudiando*.
4. Creo que ahora mismo Juan y Pablo *beben / están bebiendo* cerveza.
5. El libro *es / está siendo* interesante.
6. Mi tío *tiene / está teniendo* un coche deportivo.
7. En este momento en Valencia *llueve / está lloviendo* mucho.
8. Mi padre *trabaja / está trabajando* en el jardín desde hace una hora.
9. Carmen *trabaja / está trabajando* en un hospital, es enfermera.
10. Mira, Paula *espera / está esperando* el autobús.
11. Mi mamá es profesora y *da / está dando* clases de historia.
12. Mi mamá está ocupada, *da / está dando* una clase de historia a los estudiantes de primer curso.
13. Normalmente por la noche *estoy cantando / canto* en un coro.
14. ¿*Hacéis / Estáis haciendo* los deberes? Ya es tarde.
15. *Cuento / Estoy contando* contigo. Nunca me decepciones.

Ejercicio 4

ASPECTO FÍSICO

Escribe las palabras de sentido opuesto (antónimos) que aparecen en el texto.
Dopisz słowa o przeciwstawnym znaczeniu, które pojawiają się w tekście.

Tengo dos amigas. Se llaman Lola e Inés y son totalmente diferentes. Lola es (1) baja, (2) gorda y (3) menor, tiene el pelo (4) corto y (5) liso, y los ojos (6) claros y (7) grandes. Es (8) rubia y, como dice, (9) fea. En cambio, Inés tiene el pelo rizado y largo, es morena. Tiene los ojos pequeños y oscuros. Es mayor, guapa, alta y delgada.

1. baja ....
2. gorda ....
3. menor ....
4. el pelo corto ....
5. el pelo liso ....
6. los ojos claros ....
7. los ojos grandes ....
8. rubia ....
9. fea ....

[DÍA 27]

ARTÍCULO DETERMINADO

Ejercicio 1

Completa con el artículo determinado adecuado *el / la / los / las*.

Uzupełnij odpowiednim rodzajnikiem nieokreślonym *el / la / los / las*.

1. .... libro
2. .... casa
3. .... coche
4. .... café
5. .... sillas
6. .... mano
7. .... pantalones
8. .... noche
9. .... día
10. .... mesas
11. .... cuadernos
12. .... amiga
13. .... bolígrafo
14. .... hombre
15. .... mujer

PRETÉRITO INDEFINIDO: VERBOS IRREGULARES

Ejercicio 2

Completa con la forma verbal adecuada del cuadro.

Uzupełnij odpowiednią formą czasownika z ramki.

puse fue se fue vine vino trajo tuve hice vimos pudimos vi hicimos fui quiso dijo

Ayer (1) .... un día muy ocupado e (2) .... muchas cosas. Por la mañana (3) .... al trabajo. (4) .... a casa a las 16 de la tarde y (5) .... la tele. (6) .... mi serie favorita. Después (7) .... mi amiga Paula y (8) .... ir al cine pero no (9) .... porque (10) .... que esperar a mi marido que me llamó y (11) .... que no tenía llaves. Paula (12) .... una tortilla de patatas, así que nos (13) .... una cena, (14) .... una película romántica y Paula (15) .... a casa.

Ejercicio 3

PRETÉRITO PERFECTO

Completa con la forma del verbo *haber* adecuada del cuadro.

Uzupełnij odpowiednią formą czasownika *haber* z ramki.

hemos (x2) he habéis (x2) ha (x3) has han (x3)

1. yo
2. tú
3. él
4. ella
5. usted
6. nosotros
7. nosotras
8. vosotros
9. vosotras
10. ellos
11. ellas
12. ustedes

Ejercicio 4

ASPECTO FÍSICO

Completa las columnas con las palabras adecuadas del cuadro.

Uzupełnij kolumny odpowiednimi słowami z ramki.

los ojos claros el pelo corto alto delgado el pelo rubio gordo los ojos azules bajo joven barba calvo bigote el pelo rizado moreno fuerte

Ser	Tener

[DÍA 28]

ESTAR + GERUNDIO

Ejercicio 1

Relaciona el verbo con la forma del *gerundio* adecuada.
Połącz czasownik z odpowiednią formą *gerundio*.

1. hablar	a) comiendo
2. beber	b) oyendo
3. vivir	c) hablando
4. salir	d) durmiendo
5. ir	e) bebiendo
6. leer	f) yendo
7. dormir	g) diciendo
8. comer	h) viviendo
9. oír	i) escribiendo
10. escribir	j) saliendo
11. decir	k) volviendo
12. volver	l) leyendo

PRONOMBRE: OBJETO INDIRECTO

Ejercicio 2

Elige el pronombre de objeto indirecto adecuado.
Wybierz odpowiedni zaimek w funkcji dopełnienia dalszego.

1. Doy las flores a mi madre. – *Le / La* doy las flores.
2. Compro el periódico a mi marido. – *Le / Lo* compro el periódico.
3. Damos el regalo a los vecinos. – *Les / Los* damos el regalo.
4. Vendemos el coche a unas chicas alemanas. – *Los / Les* vendemos el coche.
5. María te da unos pantalones a ti. – María *te / le* da unos pantalones.
6. Mis padres compran una plancha para mí. – Mis padres *le / me* compran una plancha.
7. Traigo las películas para vosotros. – *Os / Nos* traigo las películas.
8. Jorge compra unos recuerdos para ustedes. – Jorge *los / les* compra unos recuerdos.
9. Damos el libro a Paco. – *Le / Se* damos el libro.
10. Compro las faldas vaqueras para mis hijas. – *Os / Les* compro las faldas vaqueras.
11. La niña dio un beso a su mamá. – La niña *la / le* dio un beso.
12. El abogado aconsejó a vosotros. – El abogado *les / os* aconsejó.
13. El joven ayudó a la abuela a cruzar la calle. – El joven *la / le* ayudó a cruzar la calle.
14. No dijeron nada a su mamá. – No *le / se* dijeron nada.
15. El médico examina los ojos a nosotros. – El médico *nos / os* examina los ojos.

Ejercicio 3

PRETÉRITO INDEFINIDO: VERBOS PARCIALMENTE IRREGULARES

Completa con la forma verbal adecuada del cuadro.
Uzupełnij odpowiednią formą czasownika z ramki.

eligieron oímos midió durmieron pusimos serví
dormí pidió prefirió elegimos

Estas Navidades me visitó la familia.

Cuando mi padre vio a mis hijos, enseguida los (1) ______ para saber si eran más altos.
(2) ______ muchos platos que había preparado yo misma. Mi madre hizo el turrón, no me (3) ______ ayuda.

Los invitados (4) ______ los cuartos en los que querían dormir. Yo (5) ______ en la habitación de mis hijos mientras que mis padres (6) ______ en mi dormitorio. Mi marido (7) ______ acostarse en el salón.

Todos juntos (8) ______ un árbol de Navidad muy bonito y (9) ______ un belén espléndido.

Nos divertimos bien, hablamos y comimos muchísimo. Cuando (10) ______ los villancicos en la radio todos empezamos a cantar.

Ejercicio 4

TRANSPORTE

Completa los nombres de los medios de transporte.
Uzupełnij nazwy środków transportu.

1. Se usa para viajar por el agua: río, mar, océano. – _ _ R _ _
2. Tiene volante, palanca de cambios y freno. Normalmente sirve para 4 o 5 personas. Es el medio de transporte más popular. – C _ C _ _
3. Es un medio de transporte público que tiene ruedas y para en varias paradas a una hora programada. – _ _ T _ _ _ S
4. Es un medio de transporte subterráneo – M _ _ R _
5. Es un animal que ahora sirve para montar y antes servía también para llevar equipajes – _ _ B _ L _ _
6. Es un medio de transporte moderno y rápido, vuela por el cielo – _ V I _ _
7. Es un medio de transporte público parecido al autobús pero va por una vía férrea – _ _ A _ V _ _
8. Es un medio de transporte público cuyo representante es RENFE. También utiliza una vía férrea pero recorre distancias más largas. – _ R _ _
9. Es un medio de transporte personal que tiene dos ruedas, manillar, sillín y pedales. Se utiliza cada vez más en las grandes ciudades. – _ _ C _ _ L _ T _
10. Es un medio de transporte personal. Por lo general, es un coche privado que nos puede llevar a un sitio por una cantidad de dinero establecida – _ A _ _

DÍA 29

ADVERBIOS

Ejercicio 1

Completa con un adverbio adecuado.

Uzupełnij odpowiednim przysłówkiem.

1. Por favor, no hables tan .... (**alto**).
2. Pedro es muy listo, todo lo hace .... (**fácil**).
3. .... (**seguro**) estén en casa.
4. Tengo mucha tos, ... (**difícil**) puedo hablar.
5. Mi coche lo quiero vender muy .... (**caro**).
6. En este restaurante se come muy .... (**barato**).
7. Me llevo .... (**bueno**) con mis compañeros de trabajo.
8. .... (**actual**) tengo mucho trabajo.
9. Paco canta muy .... (**malo**).
10. Carmen es muy codiciosa, nunca tiene .... (**bastante**).
11. No sé qué pasa con Pedro. .... (**curioso**), no ha venido.
12. .... (**último**) voy mucho al cine, ponen unas películas buenísimas.

IR A + INFINITIVO

Ejercicio 2

En cada frase hay un error. Corrígelo.

W każdym zdaniu jest jeden błąd. Popraw go.

1. Mañana voy hacer limpieza en casa. ....
2. Juan y María vais a casarse en julio. ....
3. La próxima semana vamos a teniendo un examen. ....
4. ¿Vas a comprarse este libro? ....
5. Carlos vas a comer fuera de casa hoy. ....
6. ¿Cuándo vamos quedar? ....
7. Mario, ¿voy a salir por la noche conmigo? ....
8. Mañana voy a me despertar temprano. ....
9. Carmen va a ido a París esta semana. ....
10. Los señores Jiménez vais a cenar con sus amigos hoy. ....
11. Voy pasar la Navidad en casa de mis padres. ....
12. ¿Vas a ducharse por la mañana o por la noche? ....

Ejercicio 3

PRETÉRITO INDEFINIDO

Completa con la forma verbal adecuada del cuadro.
Uzupełnij odpowiednią formą czasownika z ramki.

hablaron se despertó cenó se levantó se peinó empezó
bebió quedaron se acostó tuvo se lavó desayunó terminó
salió leyó volvió se durmió llamó soñó estuvo

Anteayer Pablo (1) ______ a las 8 de la mañana. (2) ______ , (3) ______ los dientes, (4) ______ el pelo y (5) ______ un bollo y un café con leche. (6) ______ de casa a las 8:45. (7) ______ a trabajar a las 9 y (8) ______ a las 17. (9) ______ a casa y (10) ______ por teléfono a su novia. (11) ______ media hora y (12) ______ para ir al cine el domingo. Después, Pablo (13) ______ una sopa y (14) ______ una copa de vino. (15) ______ a las 22 de la noche. (16) ______ un cuento de Borges y (17) ______ a las 22:30. (18) ______ una pesadilla, (19) ______ con uno de sus profesores más severos del instituto. Al día siguiente (20) ______ malhumorado.

Ejercicio 4

ESCUELA

Tacha la palabra que no corresponde al grupo.
Wykreśl słowo, które nie pasuje do grupy.

1. la escuela, el colegio, el instituto, el cartel
2. la lección, la pizarra, la clase, la asignatura
3. el estudiante, el alumno, el curso, el colegial
4. la mesa, la silla, la pizarra, el estanco
5. la clase, la luna, el pasillo, el comedor
6. comer, estudiar, aprender, leer
7. el cuaderno, la falda, el ejercicio, el bolígrafo
8. aprobar, suspender, estudiar, casarse
9. la nota, la manzana, los deberes, la pausa
10. el barco, la mochila, el lápiz, la carpeta
11. completar, comprender, escribir, abrir
12. la goma, las tijeras, el cielo, la regla
13. el sacapuntas, la tiza, el sacacorchos, el estuche
14. la redacción, la ponencia, el bosque, la conferencia
15. revisar, corregir, marcar, secar

[DÍA 30]

IMPERATIVO

Ejercicio 1

Completa con la formas adecuadas del Imperativo del cuadro.
Uzupełnij odpowiednimi formami trybu rozkazującego z ramki.

escriba escribe miren mirad comed escriban mira
come coman escribid mire coma

	Mirar	Comer	Escribir
Tú			
Usted			
Vosotros/as			
Ustedes			

ARTÍCULO DETERMINADO

Ejercicio 2

Completa con el artículo determinado adecuado *el / la / los / las*.
Uzupełnij odpowiednim rodzajnikiem nieokreślonym *el / la / los / las*.

1. .... árbol
2. .... cocina
3. .... armario
4. .... niño
5. .... gafas
6. .... taza
7. .... trenes
8. .... amistad
9. .... sueño
10. .... flores
11. .... invitados
12. .... vecina
13. .... cariño
14. .... viento
15. .... nube

Ejercicio 3

PRETÉRITO INDEFINIDO

Completa la biografía de Salvador Dalí eligiendo el verbo adecuado del cuadro.
Uzupełnij biografię Salvadora Dalí wybierając odpowiedni czasownik z ramki.

tuvo decidieron nació murió fue pintó volvieron
empezó vivieron terminó conoció se enamoró

Salvador Dalí (1) ______ el 11 de mayo de 1904 en Figueras (Cataluña). (2) ______ un pintor surrealista.
En 1921 (3) ______ a estudiar Bellas Artes en Madrid pero no (4) ______ sus estudios. En Madrid (5) ______ a los futuros personajes del arte español, García Lorca y Buñuel. En 1927 (6) ______ sus primeros cuadros de estilo surrealista. En 1929 en París (7) ______ su primera exposición. El mismo año (8) ______ de Gala, su musa. Pronto (9) ______ empezar a vivir juntos en el pueblo de Cadaqués (Costa Brava). Entre 1939 – 1945 Dalí y Gala (10) ______ fuera de España. Entre otros países, estuvieron en Estados Unidos. Después (11) ______ a Cadaqués. Entonces Salvador era ya un pintor muy conocido. Dalí (12) ______ en Figueras, a los 84 años, en 1989.
Sus cuadros más famosos son: *La persistencia de la memoria, Muchacha asomada a la ventana, Cristo de San Juan de la Cruz.*

Ejercicio 4

PARTES DEL CUERPO

Tacha las partes del cuerpo que no pertenecen al grupo.
Wykreśl części ciała, które nie należą do grupy.

1. la cabeza, el pelo, la nariz, el brazo
2. la pierna, la cara, la rodilla, el pie
3. el brazo, la mano, el ojo, el dedo
4. la tripa, los labios, el diente, la boca
5. el cuello, la oreja, el bigote, el culo
6. la uña, la frente, el dedo, la mano
7. la uña, el pecho, la espalda, la tripa
8. el codo, el hombro, el brazo, el diente
9. la barba, la espalda, el bigote, el pelo
10. la ceja, la pestaña, la barbilla, la muñeca
11. el ombligo, la barriga, la nuca, la cintura
12. la pestaña, la rodilla, la muñeca, el codo
13. las mejillas, el tobillo, el suelo, el talón
14. la espalda, los labios, el trasero, la nuca
15. los dientes, las muelas, la lengua, la ceja

DÍA 31

ADJETIVOS: FORMA PLURAL

Ejercicio 1

Transforma del singular al plural.

Przekształć liczbę pojedynczą na mnogą.

Desde hace un mes voy a un curso de japonés. Mis amigos del curso se llaman John y Harry, son (1) .... (**inglés**). Ambos son (2) .... (**alto**) y (3) .... (**gordo**), muy (4) .... (**amable**) y (5) .... (**trabajador**). Tienen 30 años, son (6) .... (**mayor**) que yo. En mi grupo hay también dos chicas (7) .... (**alemana**). Son (8) .... (**simpática**) y muy (9) .... (**joven**), tienen sólo 16 años.

El japonés me parece fácil. En general, las lenguas extranjeras no son (10) .... (**difícil**) para mí.

Nuestra escuela es moderna. Las clases son (11) .... (**grande**) y las paredes (12) .... (**blanca**), (13) .... (**verde**), (14) .... (**gris**) o (15) .... (**marrón**). Hay ordenadores con conexión a Internet y muchas plantas. Me gusta muchísimo esta escuela.

PRETÉRITO INDEFINIDO: VERBOS REFLEXIVOS REGULARES

Ejercicio 2

Elige la forma verbal adecuada.

Wybierz odpowiednią formę czasownika.

1. Ayer *nos despertamos / despertamos os* a las 8 de la mañana.
2. Anteayer mi hijo *se lavó / le lavó* las manos él mismo por primera vez.
3. Anteanoche *me duché / se duché* a las 23.
4. El lunes pasado *levantaste te / te levantaste* muy temprano, ¿no?
5. Hace poco tiempo Miguel y María *se mudaron / les mudaron* a Granada.
6. *Se trasladasteis / Os trasladasteis* aquí el mes pasado, ¿verdad?
7. El viernes pasado *nos acostamos / acostámosnos* muy tarde.
8. Hace tiempo Antonio *le casó / se casó* con Paloma.
9. El otro día *me encontré / encontréme* con Javier.
10. El fin de semana pasado mis hijos *se quedaron / les quedaron* en casa.
11. Jorge *me enamoró / se enamoró* de mí a primera vista.
12. Javier *se rompió / le rompió* el brazo jugando al baloncesto.
13. *Se peinaron / Os peinaron* el pelo y salieron a la fiesta.
14. ¿*Te acordasteis / Os acordasteis* de sacar al perro ?
15. *Se rieron / Nos rieron* cuando escucharon el chiste.

Ejercicio 3

NUMERALES

Elige el numeral correcto.

Wybierz odpowiedni liczebnik.

1. 13
   a) treinta b) tres c) trece
2. 20
   a) veinte b) doce c) dos
3. 50
   a) quince b) cinco c) cincuenta
4. 80
   a) ocho b) dieciocho c) ochenta
5. 100
   a) diez b) cien c) ciento
6. 60
   a) setenta b) sesenta c) noventa
7. 26
   a) veinte y seis b) veint i seis c) veintiséis
8. 47
   a) cuarentaisiete b) cuarenta y siete c) cuarenta y seis
9. 14
   a) catorce b) trece c) doce
10. 11
    a) uno b) once c) dieziuno

Ejercicio 4

COMPRAS & SERVICIOS

Tacha la palabra que no corresponde al grupo.

Skreśl słowo, które nie pasuje do grupy.

1. comprar, vender, dar, pagar
2. la tarjeta de crédito, la tarjeta de pago, el efectivo, la talla
3. el descuento, la rebaja, el saldo, el retrovisor
4. la tienda, el cajero automático, el dinero, la tarjeta
5. la talla, el color, la firma, el modelo
6. el sótano, la tienda, el escaparate, el probador
7. el dependiente, el vendedor, el cliente, el bombero
8. barato, moreno, caro, económico
9. la oficina de cambio, Correos, la seda, el estanco
10. la tarjeta, el dinero, el efectivo, las monedas
11. probar, ganar, mirar, pagar
12. la pastelería, la panadería, el mercado, el volante

[DÍA 32]

ADJETIVOS: FORMAS ABREVIADAS

Ejercicio 1

Elige la opción adecuada.

Wybierz odpowiednią opcję.

1. Pablo es un *bueno / buen* profesor.
2. Pepe es el *primero / primer* estudiante en la clase.
3. Este gazpacho es muy *bueno / buen*.
4. Es el *tercero / tercer* artista que vemos esta tarde.
5. Fumar es *malo / mal* para la salud.
6. ¿*Alguno / Algún* de vosotros sabe hablar alemán?
7. Su hijo a veces se comporta muy mal, es un *malo / mal* niño.
8. Tengo una casa *grande / gran*.
9. Creo que *ninguno / ningún* de los chicos de mi barrio es guapo.
10. Mi abuelo es un *grande / gran* hombre.
11. ¿Eres el *primero / primer* en la cola?
12. ¿Conoces a *alguno / algún* dentista en esta ciudad?
13. Dicen que *Santo / San* Isidro es el patrón de Madrid.
14. Necesito consejo pero no conozco a *ninguno / ningún* abogado.
15. Juan vive en el *tercero / tercer*.

PRETÉRITO INDEFINIDO

Ejercicio 2

Relaciona las preguntas con las respuestas.

Połącz pytania z odpowiedziami.

1. ¿Con quién comiste el domingo por la tarde?	a) A mi amiga María.
2. ¿Adónde fuiste de vacaciones el año pasado?	b) Me casé.
3. ¿A quién llamaste ayer?	c) Viví en Barcelona.
4. ¿Saliste a dar un paseo ayer por la noche?	d) Con mis padres.
5. ¿Dónde viviste hace dos años?	e) Sí. Vi una comedia.
6. ¿Dónde comiste el domingo pasado?	f) Nací en Londres.
7. ¿Qué tiempo hizo anteayer en Madrid?	g) En 1990.
8. ¿Dónde naciste?	h) A la Costa Brava.
9. ¿Cuándo terminaste la escuela?	i) Llovió e hizo mucho frío.
10. ¿Qué hiciste en 1999?	j) Hasta las 10 de la mañana.
11. ¿Estuviste ayer en el cine?	k) No, me quedé en casa.
12. ¿Hasta qué hora dormiste anteayer?	l) En un restaurante chino.

Ejercicio 3

IMPERATIVO

Completa con la forma adecuada del Imperativo.
Uzupełnij odpowiednią formą trybu rozkazującego.

Valencia, 12 de marzo de 2009

Queridos Pablo y Jorge:

Gracias por vuestra carta. Ahora mismo voy a responder a vuestra pregunta: "¿Qué debemos hacer para tener éxito en una entrevista de trabajo?"
Primero, (1) .... (**prepararse, vosotros**) bien y (2) .... (**escribir, vosotros**) un currículum vítae y una carta de motivación. (3) .... (**buscar, vosotros**) en Internet, hay muchos ejemplos de este tipo de escritos. Después, (4) .... (**leer, vosotros**) estos documentos varias veces para saber todos los datos de memoria. (5) .... (**vestirse, vosotros**) con ropa elegante. (6) .... (**ponerse, vosotros**) el traje y la corbata. Antes de salir (7) .... (**lavarse, vosotros**) los dientes y las manos y (8) .... (**peinarse, vosotros**) el pelo. ¡Cuidado! El día anterior no (9) .... (**acostarse, vosotros**) tarde para despertaros a tiempo. En la entrevista (10) .... (**saludar, vosotros**) al jefe y (11) .... (**sentarse, vosotros**) enfrente de él, por supuesto si os lo propone. (12) .... (**empezar, vosotros**) a hablar cuando el jefe pregunte algo, ¡nunca (13) .... (**comenzar, vosotros**) vosotros mismos!
Y, para terminar, no (14) .... (**estar, vosotros**) nerviosos y si lo estáis, no (15) .... (**ir, vosotros**) a la entrevista en coche para no causar un accidente.

Un abrazo,

Lola Martínez
Revista "Trabajo Para Ti"

Ejercicio 4

FAMILIA & RELACIONES INTERPERSONALES

Completa con los nombres de los miembros de la familia del cuadro.
Uzupełnij nazwami członków rodziny z ramki.

el suegro — la novia — el padre — el tío — la hermana — el yerno — el hijo — la esposa — la abuela — los gemelos

1. el marido de mi madre es para mí
2. soy un chico, para mi madre soy
3. la chica que es la hija de mi madre es para mí
4. la mujer con la que me casé es para mí
5. la madre de mi madre es
6. el hermano de mi madre es
7. los hermanos que nacieron el mismo día son
8. el padre de mi esposa es
9. la chica que quiero es para mí
10. soy un hombre, para mi suegro soy

[DÍA 33]

IMPERATIVO

Ejercicio 1

Relaciona el problema con la solución.

Połącz problem z rozwiązaniem.

1. Quiero tener estos zapatos.
2. Mi novio me ha dicho que estoy gorda.
3. Tengo las manos sucias.
4. La habitación está desordenada.
5. Mis hijos no estudian.
6. Tengo sueño.
7. No sé cómo llegar al cine.
8. Tengo hambre.
9. Estoy en una tienda y no tengo efectivo.
10. Estoy nervioso.
11. Tengo frío.
12. Tengo sed.

a) Prepárate la cena.
b) No pienses en el problema.
c) No les permitas salir por la tarde.
d) Enciende la calefacción.
e) Ve todo recto y gira a la derecha.
f) Bebe un vaso de agua.
g) No te acuestes tarde.
h) Paga con tarjeta.
i) Cómpratelos.
j) Lávatelas.
k) Dile que es tonto.
l) Límpiala.

ADJETIVOS: GÉNERO MASCULINO & FEMENINO

Ejercicio 2

Elige la opción correcta.

Wybierz odpowiednią opcję.

1. El bolígrafo rojo – La camisa *rojo / roja / roje*
2. El coche azul – La bolsa *azula / azule / azul*
3. El piso grande – La casa *grande / granda / grand*
4. El chico polaco – La chica *polace / polaca / polaque*
5. El jersey bonito – La falda *bonita / bonito / bonite*
6. El libro interesante – La película *interesanta / interesante / interesant*
7. El tío hablador – La tía *habladore / hablador / habladora*
8. El lápiz gris – La silla *grisa / grise / gris*
9. El estudiante inteligente – La estudiante *inteligenta / inteligente / inteligentes*
10. El amigo francés – La amiga *francesa / francés / francese*
11. El marido trabajador – La esposa *trabajador / trabajadore / trabajadora*
12. El hijo joven – La hija *jovena / joven / jóven*
13. El hombre español – La mujer *española / español / españole*
14. El cuaderno amarillo – La maleta *amarillo / amarille / amarilla*
15. El bolígrafo verde – La mesa *verde / verdo / verda*

Ejercicio 3

VERBO & PREPOSICIÓN

Completa las columnas con los verbos utilizados con las siguientes preposiciones. Un verbo puede aparecer en dos columnas.

Uzupełnij kolumny czasownikami używanymi z następującymi przyimkami. Jeden czasownik może pojawić się w dwóch kolumnach.

constar hablar acordarse saludar aprender contar jugar tener miedo
soñar pelearse parecerse luchar influir dividir despedirse llevarse bien/mal

CON	DE	A	EN

Ejercicio 4

CARÁCTER

Completa con las palabras del cuadro en la forma adecuada.

Uzupełnij słowami z ramki w odpowiedniej formie.

trabajador cerrado aburrido optimista gracioso alegre simpático descarado
generoso serio tonto hablador tranquilo pesimista tacaño

Madrid, 12 de mayo de 2009

Hola José:

Gracias por tu carta. ¿Cómo estás? Yo estoy bien, un poco cansada.
Me preguntas qué tal mi nuevo trabajo. Pues, ¡me gusta mucho! Es muy interesante. También he conocido a mucha gente nueva. Mis compañeros de la oficina son muy variados.
Por ejemplo, Jorge es muy (1) _ _ R _ O, nunca sonríe y siempre habla de cosas importantes. Además, es muy (2) C _ _ R _ D _ (**no le gusta hablar con la gente**) y (3) _ E S _ _ I _ _ _, siempre piensa solo en los problemas. En cambio, Ana es una chica muy (4) _ P _ _ M _ S _ _, se concentra en lo bueno de cada situación. Es (5) _ R _ C I _ _ _, cuenta unos chistes muy buenos. Es también (6) _ L E _ _ _ (**casi siempre está de buen humor**) y (7) _ I _ P _ T _ _ _ (**le cae bien a la gente**). Mientras tanto, Miguel es un tipo (8) D E _ _ A _ _ D _, no le hace caso a nadie. Es (9) _ A C _ _ _, es decir, no le gusta nada gastar dinero. Miguel es también (10) _ B U _ _ I _ _, nunca dice nada interesante. Creo que es (11) _ O _ T _ porque casi nunca tiene su propia opinión. En cuanto a Pedro, es (12) _ A B _ _ D _ _ (**le encanta hablar**) y muy (13) _ R _ B _ J _ _ _ _, muchas veces se queda en el trabajo hasta las 20. Además, es muy (14) _ E _ E _ O _ _, les compra muchísimos regalos a su esposa e hijos. Pedro es también (15) T R _ _ _ U _ _ _, nunca se deja llevar por los nervios.
Bueno, la próxima vez te escribiré más detalles. ¡Saluda a tu novia de mi parte!

Un abrazo,
Marta

[DÍA 34]

COMPARATIVOS REGULARES & IRREGULARES

Ejercicio 1

Elige la opción correcta.

Wybierz odpowiednią opcję.

1. La ciudad es *más / menos* tranquila que el campo.
2. Ir a pie es *más / menos* sano que ir en metro.
3. El teatro me gusta mucho más que el cine, simplemente me parece *mejor / peor*.
4. El avión es *más / menos* peligroso que el coche.
5. Mi coche es viejo y tu coche es nuevo y moderno. Tu coche es *peor / mejor* que mi coche.
6. Prefiero el sillón. Es *más / menos* cómodo que esta silla de madera.
7. El salón es *tan grande como / tan grande que* el dormitorio.
8. Paco tiene 12 años y Juan tiene 14. Paco es *menor / mayor* que Juan.
9. La Coca Cola es *mejor / peor* para la salud que el agua mineral.
10. Creo que Salamanca es *más / menos* bonita que Toledo, que me parece fea y sucia.
11. Pienso que ir al teatro es *más interesante como / tan interesante como* ir al cine.
12. Mis hermanas tienen 13 años y tus hermanas 18. Tus hermanas son *menores / mayores* que mis hermanas.

SUSTANTIVOS & ADJETIVOS: GÉNERO MASCULINO & FEMENINO

Ejercicio 2

Completa con las formas masculinas adecuadas del cuadro.

Uzupełnij odpowiednimi formami męskimi z ramki.

el niño bajo   el gato gris   el chico rubio   el primo inteligente
el abuelo simpático   el tío alto   el jefe trabajador   el estudiante menor
el chico moreno   el tío hablador   el hijo bueno   el hermano mayor

1. la chica rubia
2. la abuela simpática
3. la tía habladora
4. la prima inteligente
5. la tía alta
6. la niña baja
7. la chica morena
8. la hermana mayor
9. la estudiante menor
10. la hija buena
11. la jefa trabajadora
12. la gata gris

Ejercicio 3

IMPERATIVO

Elige la opción adecuada.

Wybierz odpowiednią opcję.

1. Paco, ¡ .... (volver, tú) a casa a las 22:00!
   a) volve b) volva c) vuelve
2. Papá, ... (jugar, tú) conmigo al fútbol, por favor.
   a) juega b) juga c) jugue
3. .... (conocer, ustedes) a mi esposa, María.
   a) Conocen b) Conozcan c) Conozcen
4. .... (pensar, usted) otra vez sobre mi propuesta, por favor.
   a) Piense b) Piensa c) Pense
5. .... (traducir, usted) este texto al inglés.
   a) Traduce b) Traduca c) Traduzca
6. .... (empezar, tú) a hacer el pastel, ya es tarde.
   a) Empeza b) Empeze c) Empieza
7. .... (encender, ustedes) la luz, por favor.
   a) Encienden b) Enciendan c) Encendan
8. .... (pensar, vosotros) en la solución.
   a) Pensad b) Piensed c) Piensen

Ejercicio 4

CIENCIA & TÉCNICA

Completa con las palabras adecuadas del cuadro.

Uzupełnij odpowiednimi słowami z ramki.

ascensor fax freno contestador automático móvil matrícula fotocopiar reproductor de DVD televisión por satélite red volante retrovisor

1. Cuando llamo a mi amigo y él no está, responde el ______________ .
2. Tengo un documento y quiero tener otra hoja con el mismo documento. Necesito ______________lo.
3. Internet es a veces llamado también la ______________ .
4. Tengo ______________ y puedo ver muchos programas interesantes.
5. Si quieres ver las películas en DVD tienes que comprarte un ______________ .
6. El pequeño teléfono que tenemos siempre con nosotros se llama ______________ .
7. Quiero enviar un documento a una empresa a través del teléfono. Necesito un ______________ .
8. Cuando quieres subir a la segunda planta sin usar las escaleras necesitas un ______________ .
9. Mi coche tiene la ______________ 7654 HTD.
10. Alguien me ha roto el ______________ de la derecha y ahora no puedo ver qué pasa detrás de mí en la carretera.
11. El círculo para conducir el coche se llama ______________ .
12. No me funciona bien el ______________ , me temo que pueda tener un accidente.

[DÍA 35]

COMPARATIVOS REGULARES & IRREGULARES

Ejercicio 1

Escribe el comparativo a cada adjetivo.
Napisz stopień wyższy do każdego przymiotnika.

1. bueno – ....
2. alto – ....
3. inteligente – ....
4. cómodo – ....
5. joven – ....
6. delgado – ....
7. viejo – ....
8. malo – ....
9. barato – ....
10. vago – ....

PRETÉRITO PERFECTO

Ejercicio 2

Relaciona el verbo con la forma del participio adecuada.
Połącz czasownik z odpowiednią formą participio.

1. salir	a) roto
2. escribir	b) vuelto
3. hacer	c) hablado
4. bailar	d) puesto
5. beber	e) salido
6. abrir	f) dicho
7. morir	g) hecho
8. romper	h) abierto
9. escuchar	i) escrito
10. ver	j) muerto
11. decir	k) visto
12. poner	l) ido
13. hablar	m) bailado
14. volver	n) bebido
15. ir	o) escuchado

Ejercicio 3

IMPERATIVO

Completa con la forma adecuada del Imperativo.
Uzupełnij odpowiednią formą trybu rozkazującego.

1. José, ... (abrir, tú) la ventana.
2. .... (hablar, ustedes) más alto, por favor.
3. .... (perdonar, usted), ¿dónde está el cine Real?
4. Si queréis llegar al aeropuerto .... (coger, vosotros) la línea 1.
5. .... (comer, usted) más verduras, es sano.
6. Lola, ... (venir, tú) aquí.
7. Niños, ... (escribir, vosotros) en los cuadernos.
8. Para divertirte .... (salir, tú) de casa y .... (ir, tú) al cine.
9. .... (mirar, ustedes), tienen que ir todo recto hasta la Plaza Mayor.
10. .... (bailar, vosotros) conmigo porque no quiero bailar sola.
11. Antes de tomar la medicina .... (leer, usted) el folleto.
12. .... (tomar, ustedes) estas pastillas y el jarabe para la tos.
13. .... (cruzar, usted) la calle de Flores y .... (girar, usted) a la derecha.
14. No .... (preocuparse, vosotros), todo va a estar bien.
15. ¡Esto es demasiado! .... (coger, tú) tu abrigo y .... (salir, tú) ahora mismo.

Ejercicio 4

VIDA DIARIA

Completa con las palabras adecuadas del cuadro.
Uzupełnij odpowiednimi słowami z ramki.

me lavo   sueño   me visto   hago (x 2)   me despierto   me peino   termino   saco
me levanto   recuerdo   desayuno   voy   vuelvo   me acuesto   salgo   leo

Los lunes normalmente (1) .... a las 6:30 de la mañana. (2) .... de la cama unos 10 minutos después y voy al cuarto de baño. (3) .... los dientes, (4) .... el pelo y (5) .... con ropa elegante porque trabajo en una empresa internacional. A las 7:10 (6) .... un yogur natural con cereales y un café con leche. Antes de salir al trabajo (7) .... la cama, no me gusta tener mi habitación desordenada. (8) .... de casa a las 7:30 y (9) .... en coche a trabajar. (10) .... el trabajo alrededor de las 17:00, (11) .... la compra y (12) .... a casa. Como y (13) .... el perro a pasear. Después (14) .... un libro. (15) .... a las 22:30. A veces (16) .... con poder volar, pero normalmente después de despertarme no (17) .... nada.

DÍA 36

PRETÉRITO PERFECTO

Ejercicio 1

Relaciona la pregunta con la respuesta.

Połącz pytanie z odpowiedzią.

1. ¿Dónde habéis estado este sábado?	a) No, nunca lo he bailado.
2. ¿Quién ha llamado?	b) He comprado seis.
3. ¿Habéis hecho los deberes ya?	c) He comido un pollo asado con patatas.
4. ¿Has ido al teatro con Miguel?	d) Ha llamado Pedro.
5. ¿Has bailado tango alguna vez?	e) Sí, hemos ido juntos.
6. ¿Has probado la paella?	f) Hemos estado en casa.
7. ¿Con quién habéis hablado?	g) Me ha ido bien, gracias.
8. ¿Cómo te ha ido en la escuela?	h) No, todavía no los hemos hecho.
9. ¿Qué has comido?	i) Sí, la he probado.
10. ¿Cuántos vasos has comprado?	j) Hemos hablado con el jefe.

SER, ESTAR & HABER

Ejercicio 2

En cada frase hay un error. Corrígelo.

W każdym zdaniu jest błąd. Popraw go.

1. Mi madre está rubia. ....
2. Tus libros hay en la mochila. ....
3. En mi habitación está una cama, y una mesa. ....
4. La farmacia es enfrente del cine. ....
5. En la nevera es leche, queso y jamón. ....
6. Mario hay abogado. ....
7. Los señores López están mexicanos. ....
8. En el suelo es una alfombra. ....
9. La alfombra hay en el suelo. ....
10. La alfombra está roja. ....
11. Los estudiantes son ausentes. ....
12. El teatro está antiguo. ....
13. El primer ministro es preocupado por el nivel del paro. ....
14. En el cine no está nadie. ....
15. Los enfermos son en el hospital. ....

Ejercicio 3

PRONOMBRE: OBJETO DIRECTO & INDIREECTO

Completa con los pronombres de objeto directo e indirecto adecuados.

Uzupełnij odpowiednimi zaimkami w funkcji dopełnienia bliższego i dalszego.

1. Regalo un libro a mi hermano. .... regalo.
   a) Le lo b) Se lo c) Lo le
2. Queremos invitarte a nuestra casa. .... queremos invitar.
   a) Te b) Se c) Lo
3. Se han comido unos helados. .... han comido.
   a) Se los b) Les las c) Nos los
4. Presentó su hermano a mí. .... presentó.
   a) Lo me b) Me lo c) Selo
5. No digas mentiras a tu mamá. No .... digas.
   a) los la b) se las c) te las
6. La profesora lee un cuento a los niños. La profesora .... lee.
   a) se los b) les lo c) se lo
7. ¿Vas a matricular a tu novio en este curso? ¿ .... vas a matricular en el curso?
   a) Lo b) Le c) Se
8. No des más dulces al niño. No .... des.
   a) Lo las b) se los c) le los
9. El camarero sirve las chuletas a los invitados. El camarero .... sirve.
   a) les b) las se c) se las
10. Quiero mucho a tu hermano. .... quiero mucho.
   a) Me b) Lo c) Le

Ejercicio 4

NATURALEZA

Completa con las palabras del cuadro.

Uzupełnij słowami z ramki.

montañas aves peces mar cascadas río reserva natural colina prados bosques

El pueblo donde viven mis abuelos es muy pintoresco. Está situado al lado del (1) .... (**depósito de agua muy grande**) pero desde la (2) .... (**parte que está situada más alto que otras partes de la tierra**) se ven las (3) .... (**elevaciones naturales del terreno, por ejemplo, Los Pirineos**). El pueblo es muy verde, hay muchos (4) .... (**terrenos cubiertos por árboles**), donde viven unas (5) .... (**tipo de animal que vuela por el cielo**) raras, y muchos (6) .... (**lugares en los que crecen hierba y flores**). Hay también un (7) .... (**corriente natural de agua**) en el que viven muchos (8) .... (**un tipo de animal que nada en el agua**) y unas (9) .... (**caída de agua**) muy grandes y bonitas. Todo el pueblo es una (10) .... (**lugar protegido**).

[DÍA 37]

PRONOMBRE: OBJETO DIRECTO & INDIRECTO

Ejercicio 1

Completa con los pronombres de objeto directo e indirecto adecuados.

Uzupełnij odpowiednimi zaimkami w funkcji dopełnienia bliższego i dalszego.

1. Doy las flores a mi madre. .... doy.
   a) Le las b) Se las c) Lo las
2. Queremos comprar un coche. .... queremos comprar.
   a) Lo b) Le c) Se
3. Compramos la bufanda a Inés. .... compramos.
   a) Se la b) Lo la c) La la
4. Muchas veces visito a mis abuelos. .... visito muchas veces.
   a) Les b) Los c) Os
5. Juan nos dice la verdad. Juan .... dice.
   a) os la b) se la c) nos la
6. Te traigo los discos. .... traigo.
   a) Se los b) Le los c) Te los
7. ¿Puedes ayudar a mi hijo? ¿ .... puedes ayudar?
   a) Le b) Se c) Lo
8. Nos ponemos los abrigos. .... ponemos.
   a) Los nos b) Nos los c) Se los

PRESENTE DE INDICATIVO

Ejercicio 2

Completa con la forma verbal adecuada.

Uzupełnij odpowiednią formą czasownika.

1. Si .... (querer, tú), ... (poder, nosotros) salir hoy por la tarde.
2. No .... (poder, yo) ir contigo al cine.
3. Mi hermano .... (jugar) muy bien al tenis.
4. ¿De dónde .... (venir, tú)?
5. Mis padres .... (decir) que están cansados.
6. Cada día .... (despertarse, nosotros) a las 8 de la mañana.
7. Este año los señores López .... (construir) una casa en el campo.
8. Cuando .... (conducir, yo), siempre .... (escuchar, yo) música.
9. Siempre .... (volver, nosotros) a casa a las 5 de la tarde.
10. Durante el fin de semana .... (dormir, ellos) 8 horas.

Ejercicio 3

PRONOMBRES POSESIVOS

Elige la opción correcta.
Wybierz odpowiednią opcję.

1. *Mi / Mis* jardín es grande.
2. *Su / Sus* coche es azul.
3. *Nuestro / Nuestras* hijas se llaman Clara y Natalia.
4. *Tu / Tus* gafas están en la mesa.
5. *Vuestro / Vuestra* piso es muy bonito.
6. *Mi / Mis* hermanos son muy guapos.
7. *Tu / Tus* pantalones están rotos.
8. *Su / Sus* niños están llorando.
9. *Nuestro / Nuestra* país es hermoso.
10. *Vuestros / Vuestras* camisas están sucias.

Ejercicio 4

FAMILIA & RELACIONES INTERPERSONALES

Completa con las palabras adecuadas del cuadro.
Uzupełnij odpowiednimi słowami z ramki.

un compromiso la separación un bebé joven pareja el matrimonio la boda un adolescente citas enamorarse ¡Que seáis muy felices! divorcio los niños un adulto de la misma edad

La vida del hombre se divide en varias etapas. Cuando uno nace, es (1) ________ . Después crece, con el tiempo se convierte en (2) ________ (14 – 18 años) y (3) ________ (**a partir de los 18 años**). Cuando uno es (4) ________ va a muchas (5) ________ con personas más o menos (6) ________ porque quiere (7) ________ y tener (8) ________ . Con el paso del tiempo, a los 20 – 30 años la gente muchas veces celebra (9) ________ casándose por la iglesia o por lo civil. Es toda una fiesta, los recién casados reciben muchos regalos. Los invitados les desean, por ejemplo: (10) ________ . Antes de la boda, por supuesto, hay (11) ________ (**el novio da un anillo a su novia**). Si tiene bastante dinero, (12) ________ se va a vivir solo. Tras algunos años muchas veces nacen también (13) ________ . Desgraciadamente, cuando el hombre y la mujer ya no se quieren el uno al otro, a menudo tenemos que hablar de (14) ________ y a veces aun del (15) ________ .

[DÍA 38]

IMPERATIVO

Ejercicio 1

Elige la opción correcta.

Wybierz odpowiednią opcję.

1. Niños, ... (**hacer, vosotros**) este ejercicio en casa.
   a) haz b) haced c) hacid
2. .... (**oír, tú**), ¿cómo puedo ir a la Calle Cervantes?
   a) Oye b) Oie c) Oia
3. Para ir a la estación de tren .... (**coger, vosotros**) el autobús número 16.
   a) cojan b) coged c) coge
4. .... (**hablar, usted**) más despacio, por favor.
   a) Habla b) Hablen c) Hable
5. .... (**beber, tú**) mucha agua, es muy buena para la salud.
   a) Bebe b) Beba c) Bebed
6. .... (**mirar, usted**), necesito información sobre los trenes a Barcelona.
   a) Mire b) Miren c) Mira
7. Pablo, ¡ .... (**salir, tú**) de aquí!
   a) sale b) sala c) sal
8. .... (**venir, vosotros**) no antes de las 20:00.
   a) Venid b) Vened c) Venen
9. .... (**tomar, ustedes**) un trozo más del pastel.
   a) Toman b) Tomad c) Tomen
10. .... (**leer, tú**) este periódico, hay un artículo muy interesante.
    a) Lea b) Lee c) Lae
11. .... (**cenar, usted**) con nosotros, ¡por favor!
    a) Cene b) Cena c) Cenen
12. .... (**apagar, vosotros**) la luz, hace mucho sol.
    a) Apagad b) Apaged c) Apaga
13. Luis, ... (**venir, tú**) aquí, tengo una pregunta.
    a) viene b) viena c) ven
14. .... (**hacer, tú**) la limpieza en tu habitación el sábado.
    a) Haced b) Hacen c) Haz
15. .... (**venir, ustedes**) a visitarnos mañana.
    a) Venid b) Vengan c) Vienan

Ejercicio 2

IR A + INFINITIVO

Completa con la forma adecuada de la constucción *ir a + infinitivo*.
Uzupełnij odpowiednią formą konstrukcji *ir a + infinitivo*.

1. Mi mamá me .... (comprar, ella) un helado.
2. ¿Qué .... (tomar, vosotros)?
3. Rosa .... (preparar, ella) el plato favorito de su marido.
4. Mañana por la noche .... (salir, nosotros) de fiesta.
5. .... (regalar, yo) un jersey a mi hermano.
6. ¿.................................. (quedar, tú) conmigo?
7. La semana que viene .... (buscar, yo) un piso nuevo.
8. ¿.................................. (llamar, vosotros) a la abuela?
9. El jefe .... (ir, él) a un viaje de negocios.
10. El próximo año mi hermano .... (publicar, él) una novela.
11. Mi abuela me .... (coser, ella) un disfraz de bailarina.
12. .... (visitar, yo) a mi profesor del colegio.

Ejercicio 3

SALUD

Elige la palabra adecuada.
Wybierz odpowiednie słowo.

hierro digestión espinacas rico en curativas depurar ajo sana cerebro circulación practicar lácteos

Para llevar una vida (1) ________ es necesario comer bien y (2) ________ deporte, preferiblemente, al aire libre. Su dieta debe incluir muchas verduras y panes integrales buenos para el sistema digestivo, productos (3) ________ por su alto contenido de calcio y pescado ya que es (4) ________ ácidos grasos muy importantes para el funcionamiento correcto del (5) ________. Para quienes sufren de anemia es recomendable preparar platos a base de (6) ________ que contiene mucho (7) ________. En otoño e invierno, para protegerse de enfermedades, les aconsejamos comer mucho (8) ________ que es famoso por sus propiedades (9) ________.
Es obvio que el ejercicio hace que nos sintamos mejor. Además, la actividad física regula la (10) ________ y la (11) ________ de la sangre. Después de los largos meses del invierno el deporte nos ayudará a perder el exceso de peso y (12) ________ el organismo. La primavera nos invita a salir y gozar del aire fresco, entonces ¡anímense!: para empezar basta con dar un paseo de media hora tres veces a la semana.

[DÍA 39]

PRESENTE DE INDICATIVO

Ejercicio 1

Tacha el verbo que no corresponde al grupo. Considera la conjugación.
Wykreśl czasownik, który nie pasuje do grupy. Weź pod uwagę odmianę.

1. pienso, entiendo, empiezo, juego
2. vuelves, comienzan, vienes, construyes
3. se llama, se despierta, se lava, se ducha
4. te acuestas, recuerdas, encuentras, duermes
5. sé, conozco, pongo, entiendo
6. construimos, huimos, vivimos, oímos
7. doy, quiero, salgo, hago
8. pueden, comen, encuentran, vuelven
9. pedís, servís, os vestís, escribís
10. viene, compra, tiene, dice

PRETÉRITO INDEFINIDO

Ejercicio 2

Completa las columnas con los verbos adecuados del cuadro.
Uzupełnij kolumny odpowiednimi czasownikami z ramki.

pedir viajar cantar dormir comer leer cenar morir construir
preferir escribir mentir seguir conducir huir

Verbos regulares	Verbos parcialmente irregulares

Ejercicio 3

ADJETIVO: SUPERLATIVO RELATIVO

Completa con la forma adecuada del adjetivo superlativo.
Uzupełnij odpowiednią formą przymiotnika w stopniu najwyższym.

1. Jorge es .... de la clase, mide 1,90. (alto)
2. Paco es .... de nosotros, siempre obtiene las mejores notas. (bueno)
3. Rusia es .... del mundo. (grande)
4. Para mí, ese es .... de todos. Creo que es un Picasso. (bueno)
5. Soy .... de todos mis hermanos, ellos son menores. (viejo)
6. Mi casa es .... de todas las de mi barrio, tiene 400m^2. (alto)
7. Sus tíos son .... de la ciudad, tienen mucho dinero. (rico)
8. Estas gafas son .... que tengo. No veo nada con ellas. (malo)
9. Ana es .... de todas las chicas que conozco, se parece a Penélope Cruz. (guapo)
10. Eres .... de mis amigos, tienes un sentido del humor fantástico. (gracioso)
11. Mi madre es .... de toda la gente que he conocido. (trabajador)
12. Lo siento, señora, pero su hijo es .... de todos mis estudiantes. (vago)

Ejercicio 4

CASA

Completa con las palabras del cuadro.
Uzupełnij słowami z ramki.

tenedores tabla sartén cuchillos colador delantal
cucharas ollas cucharillas batidora

A mi abuela le encanta cocinar y servir la comida a toda la familia. Por eso tiene la cocina muy bien equipada. Tiene un conjunto de cubiertos muy bonito: (1) .... (sirven para cortar la comida), (2) .... (sirven para comer sopa), (3) .... (sirven para pinchar la comida) y (4) .... (se utilizan para las bebidas y los postres). En los armarios de cocina mi abuela tiene muchas (5) .... (sirven para preparar la comida en la cocina eléctrica o de gas, por ejemplo la sopa), una (6) .... (sirve para freír, por ejemplo las chuletas) y un (7) .... (sirve para colar la comida, sobre todo la pasta o el arroz). Cuando hace un pastel, mi abuela siempre utiliza la (8) .... (sirve para batir y mezclar los ingredientes) y cuando corta el pan u otros productos, lo hace en la (9) .... (sirve para cortar los productos en ella, en general está hecha de madera). Siempre que entra en la cocina, mi abuela se pone el (10) .... (sirve para no ensuciarse la ropa cuando cocinamos).

[DÍA 40]

SER, ESTAR & HABER

Ejercicio 1

Completa con el verbo adecuado del cuadro.

Uzupełnij odpowiednim czasownikiem z ramki.

hay (x 2) es (x 3) está están estoy

1. Diego ______ un chico muy simpático.
2. Mi escuela ______ en la calle García Lorca.
3. En mi casa ______ dos dormitorios, una cocina, un salón y un cuarto de baño.
4. ¿ ______ algo de beber?
5. Jorge ______ de Sevilla.
6. ______ cansado porque tengo mucho trabajo.
7. Mi hermano ______ rubio y alto.
8. Los coches ______ en el garaje.

VERBO & PREPOSICIÓN

Ejercicio 2

Elige la opción correcta.

Wybierz odpowiednią opcję.

Mi familia consta (1) ______ 4 personas: mi marido, mis dos hijos y yo. Mis hijos son gemelos y se parecen muchísimo (2) ______ su padre.

Tenemos una casa muy grande, así que dividimos las tareas domésticas (3) ______ partes iguales. Siempre puedo contar (4) ______ mis hijos, me ayudan con placer. Creo que es muy bueno para los adolescentes ayudar a los padres porque eso influye mucho (5) ______ su educación.

Cada sábado, después de limpiar, hablo (6) ______ mis hijos (7) ______ varios temas y ellos aprenden (8) ______ tocar el piano. Los dos sueñan (9) ______ ser unos músicos famosos.

Para relajarnos y descansar a todos nos gusta jugar (10) ______ las cartas o hacer crucigramas.

1. a) de b) con c) en
2. a) de b) a c) con
3. a) de b) a c) en
4. a) con b) en c) de
5. a) de b) en c) a
6. a) con b) de c) en
7. a) a b) de c) en
8. a) de b) con c) a
9. a) de b) en c) con
10. a) a b) con c) de

Ejercicio 3

INTERROGACIONES: QUE & CUAL

Elige la opción correcta.

Wybierz odpowiednią opcję.

1. ¿*Qué / Cuáles* de estos pantalones te gustan?
2. ¿*Qué / Cuál* coche quieres comprar?
3. ¿*Qué / Cuál* de tus hermanas es menor?
4. ¿*Qué / Cuáles* ciudades has visitado en España?
5. ¿*Qué / Cuál* es tu libro?
6. ¿*Qué / Cuáles* quieres hacer por la tarde?
7. ¿*Qué / Cuál* te pones para ir a la fiesta?
8. ¿*Qué / Cuáles* de estos hombres son tus primos?

Ejercicio 4

COMPRAS & SERVICIOS

Completa el diálogo en la tienda de ropa con las expresiones adecuadas del cuadro.

Uzupełnij dialog w sklepie odzieżowym odpowiednimi wyrażeniami z ramki.

Puedo probármela Cuánto cuesta modelo En qué puedo ayudarle Puedo pagar con tarjeta de crédito de otro color Qué talla tiene el probador Me la llevo menores De qué está hecha comprar

– Hola.
– Hola. (1) ¿ ?
– Quería (2) una camiseta.
– ¿ (3) ?
– Me parece que la 40.
– Sólo tenemos este (4) .
– ¿ (5) ?
– De algodón.
– ¿ (6) ?
– Por supuesto, (7) está al fondo del pasillo.
...
– ¿Tenéis unas camisetas como esta pero (8) ?
– Sí, hay también azules.
– ¿Y hay tallas (9) ? Esta es demasiado grande.
– Sí, está también la 38.
– Perfecto. ¿ (10) la camiseta?
– 10 euros.
– Me queda muy bien. (11) .
– Muy bien.
– ¿ (12) ?
– Por supuesto.
– Muchas gracias.

[DÍA 41]

PRONOMBRES POSESIVOS TÓNICOS & ÁTONOS

Ejercicio 1

Completa con el pronombre adecuado del cuadro.
Uzupełnij odpowiednim zaimkiem z ramki

mi su suyas mis (x 2) los míos nuestras tuyo los tuyos suya

– Oye, Marta, ¿dónde están (1) ________ vaqueros? ¿Son estos (2) ________ ?
– No, Lola, son (3) ________ pantalones. No sé dónde están (4) ________ .
– ¿Y estas camisetas blancas de manga corta son de Eva?
– No, no son (5) ________ , son (6) ________ , nos las hemos comprado esta semana, ¿no te acuerdas?
– Sí, es verdad. ¿Y esta corbata de flores es de tu novio?
– Claro, es (7) ________ . Y este es (8) ________ cinturón de piel de serpiente. Le gusta muchísimo.
– Es un chico muy original. ¿Y este vestido de noche es (9) ________ ?
– Sí, es (10) ________ vestido.
– ¡Qué bonito!

IMPERATIVO

Ejercicio 2

Transforma las frases según el modelo.
Przekształć zdania według wzoru.

Ejemplo: *¿Puedo comer la manzana? – No, no la comas.*

1. ¿Puedo leer este libro? ....
2. ¿Puedo probar la paella? ....
3. Puedo coger prestadas tus gafas de sol? ....
4. ¿Puedo comprarme estos pantalones? ....
5. ¿Puedo beber el zumo? ....
6. ¿Puedo abrir la ventana? ....
7. ¿Puedo cerrar la puerta? ....
8. ¿Puedo lavarme las manos? ....
9. ¿Puedo darte un beso? ....
10. ¿Puedo pasar la aspiradora? ....
11. ¿Puedo escuchar música? ....
12. ¿Puedo hacer el pastel? ....

Ejercicio 3

PRETÉRITO INDEFINIDO: VERBOS PARCIALMENTE IRREGULARES

Elige la forma verbal adecuada.

Wybierz odpowiednią formę czasownika.

1. Ayer Jorge me .... (él) ayuda.
   a) pedió   b) pidió   c) pedí
2. Anteanoche .... (nosotros) en la casa de la abuela.
   a) dormimos   b) durmimos   c) durmieron
3. Hace tres días el jefe .... (él) a Andrés.
   a) despedió   b) despidió   c) dispedió
4. Anteayer mis hijos .... (ellos) de la escuela.
   a) huieron   b) huíeron   c) huyeron
5. ¡¿ .... (tú) el camión?!
   a) Conduciste   b) Conducaste   c) Condujiste
6. El mes pasado .... (él) mi perro.
   a) murió   b) morió   c) moró
7. Hace 2 años los señores López .... (ellos) un chalé en el campo.
   a) construieron   b) construiaron   c) construyeron
8. ¿Cuándo .... (vosotros) vuestra casa?
   a) construysteis   b) construasteis   c) construisteis

Ejercicio 4

PREGUNTAR POR EL CAMINO

Completa con las expresiones del cuadro.

Uzupełnij wyrażeniami z ramki.

hay una farmacia por aquí   gira   baja   parada   Ve todo recto
coge   Está muy cerca   me puede decir dónde está   Cómo puedo ir allí

– Perdone, ¿ (1) ____________ el cine Imperial?
– Claro. (2) ____________ . (3) ____________ y después (4) ____________ a la izquierda. El cine está enfrente del banco Santander.
– Muchas gracias.

...

– Perdona, ¿ (5) ____________ ?
– Sí, hay una en la calle Hernán Cortés.
– ¿ (6) ____________ ?
– Mira, (7) ____________ el autobús número 2 y (8) ____________ en la tercera (9) ____________ .
– Vale, gracias.
– De nada.

[DÍA 42]

PRETÉRITO PERFECTO

Ejercicio 1

Completa con la forma verbal adecuada.
Uzupełnij odpowiednią formą czasownika.

1. Esta mañana .... (**despertarse, yo**) a las seis.
2. Todavía no .... (**hacer, nosotros**) la cena.
3. ¿ .... (**escribir, tú**) ya el informe?
4. Este mes Jorge no .... (**ir, él**) al cine.
5. Hoy Manuel y Clara .... (**comer, ellos**) en un restaurante italiano.
6. Eva .... (**ponerse, ella**) hoy los pantalones nuevos.
7. ¿ .... (**romperse, usted**) la pierna alguna vez?
8. Esta tarde .... (**salir, yo**) de fiesta con mis amigos.
9. ¿ .... (**ver, vosotros**) a Carlos esta semana?
10. ¿ .... (**leer, ustedes**) ya el nuevo libro de Navarro?
11. Todavía no .... (**hablar, nosotros**) con el jefe.
12. ¿ .... (**ducharse, tú**) ya?

PRETÉRITO INDEFINIDO

Ejercicio 2

Completa los titulares del periódico con los verbos adecuados del cuadro.
Uzupełnij nagłówki artykułów w gazetach odpowiednimi czasownikami z ramki.

dijo bebió murieron visitó se durmió pidió volvió fue condujo destruyó quise vino

1. Dos personas __________ en un accidente de tráfico en Gerona
2. El presidente de los Estados Unidos __________ ayuda a los rusos
3. En las Islas Baleares la tormenta __________ 10 casas y 25 coches
4. ¿Qué pasa con nuestro dinero? El presidente del gobierno __________ de vacaciones a la Isla de Bali
5. El Dalai Lama __________ a España
6. "Solo __________ ganar dinero" – un hombre en Burgos engañó a unos 100 jubilados
7. "Estoy muy feliz" – __________ Penelópe Cruz tras haber obtenido el Premio Óscar
8. ¡ __________ 10 cervezas y __________ un coche!
9. Un niño __________ en medio de la calle de Cervantes en Logroño
10. Un científico español __________ a Madrid tras 20 años de trabajo en Groenlandia
11. Más de un millón de turistas __________ España el verano pasado

Ejercicio 3

PREGUNTAS

Completa con las expresiones del cuadro.

Uzupełnij wyrażeniami z ramki.

Vives con ellos   Cuántos hermanos tienes   Y qué hacen tus padres   Cómo se llama
Qué quiere hacer en el futuro   Cuántos años tiene   Os lleváis bien   Qué le gusta hacer

- Penélope, dime, ¿(1) ______ ?
- Tengo una hermana menor.
- ¿(2) ______ ?
- Dolores.
- ¿(3) ______ ?
- 15.
- ¿(4) ______ ?
- Bailar, practica el ballet desde hace 7 años.
- ¿(5) ______ ?
- Quiere ser bailarina, por supuesto.
- ¿(6) ______ ?
- Sí, muy bien, somos muy amigas.
- ¿(7) ______ ?
- Mi padre es abogado y mi madre profesora.
- ¿(8) ______ ?
- No, desde hace dos años vivo con mi novio.

Ejercicio 4

RELACIONES ESPACIALES

Completa con las expresiones del cuadro.

Uzupełnij wyrażeniami z ramki.

encima   fuera   cerca   debajo   al lado   la derecha   dentro   lejos   entre   detrás

Mi casa está muy (1) ______ del metro, a unos 5 minutos a pie. A (2) ______ de la entrada hay una terraza pequeña. (3) ______ de la casa hay también un garaje y un jardín. (4) ______ de la casa tenemos 5 habitaciones: un salón, una cocina, un comedor, un dormitorio y un cuarto de baño.
Mi habitación me gusta mucho. Tengo una cama muy grande y cómoda. (5) ______ de ella siempre hay muchas almohadas. (6) ______ de la cama, en la pared está colgado un cuadro de Picasso. (7) ______ de la cama, en el rincón opuesto, está el armario de madera y la mesa. (8) ______ de la mesa hay una papelera y algunos libros. (9) ______ la mesa y el armario hay un sillón muy cómodo. (10) ______ del sillón, a la izquierda, hay una mesilla para el portátil.

DÍA 43

PRETÉRITO PERFECTO

Ejercicio 1

Completa con los verbos del cuadro.

Uzupełnij czasownikami z ramki.

han envíado han caminado habéis vivido han vuelto habéis dividido ha visitado has estado he dicho ha ido he escrito se ha roto hemos hecho he leído habéis conocido has visto

1. ¿ ______ alguna vez en París?
2. Pedro ______ al cine con María.
3. ______ este libro.
4. Todavía no ______ la compra.
5. ¿ ______ a mi novia? Se llama Eva.
6. Le ______ toda la verdad a mi padre.
7. ¿ ______ esta película?
8. Mario y José ______ de Alemania hoy.
9. ¿Cuánto tiempo ______ en Argentina?
10. Este domingo Diego ______ a sus abuelos.
11. Jorge ______ la pierna yendo en bicicleta a trabajar.
12. Todavía no ______ la carta a mi mamá, lo tengo que hacer mañana.
13. Los viajeros ______ todo el día y ahora están muy cansados.
14. ¿ ______ ya las invitaciones? Su boda es en dos semanas.
15. Me alegro mucho. ______ el pastel en trozos iguales.

ADETIVOS: SUPERLATIVO RELATIVO & ABSOLUTO

Ejercicio 2

Elige la opción correcta.

Wybierz odpowiednią opcję.

1. Este edificio es *el más alto / altísimo* de Madrid.
2. Tu hermana es *la más simpática / simpatiquísima*.
3. Este actor es *famosísimo / famosisimo*.
4. Estás *la más guapa / guapísima*.
5. Es *el mejor coche / coche buenísimo* de todos los que he tenido.
6. Mi marido es el hombre *más interesante / interesantísimo* que he conocido en mi vida.
7. El pan en esta panadería es *el más barato / baratísimo*.
8. La calle en que vivo es *la más larga / larguísima* de la ciudad.
9. Tengo un dolor *más fuerte / fortísimo* de la cabeza.
10. Manolo Gómez es *el más serio / serísimo* de mis compañeros de trabajo.

Ejercicio 3

ADJETIVOS: MASCULINO & FEMENINO

Elige la opción correcta.

Wybierz odpowiednią opcję.

1. Mi hermano es un ....
   a) chico trabajador b) chico trabajadora c) chico trabajadore
2. He comprado un ....
   a) coche azulo b) coche azul c) coche azule
3. Tengo una ....
   a) camisa verda b) camisa verde c) camisa verdes
4. Mi esposa es una ....
   a) mujer guapa b) mujera guapa c) mujera guapa
5. ¿Puedo coger prestado tu .... ?
   a) jersey grise b) jersey griso c) jersey gris
6. Tenemos una ....
   a) hermana menora b) hermana menore c) hermana menor
7. Es una ....
   a) casa grande b) casa granda c) casa grando
8. ¿Tienes un .... ?
   a) teléfono móvil b) teléfono movile c) teléfono móvilo
9. ¿Has visto mi .... ?
   a) gato negre b) gato negro c) gato negra
10. Es un ....
    a) profesor amable b) profesor amablo c) profesor amabla

Ejercicio 4

HORAS

Completa con la hora del cuadro.

Uzupełnij godziną z ramki.

siete menos cuarto   nueve   once y veinticinco   cinco   seis
ocho y cuarto   siete menos cinco   diez y media   ocho   cuatro y media

Los lunes me despierto a las (1) .... (6:00) de la mañana. A las (2) .... (6:55) salgo de casa y voy en autobús al trabajo. Trabajo de las (3) .... (8:00) a las (4) .... (16:30). Siempre como alrededor de las (5) .... (17:00) en el restaurante chino que está cerca de la oficina. Después, a las (6) .... (18:45) empieza mi curso de inglés y termina a las (7) .... (20:15). Cuando vuelvo a casa a las (8) .... (21:00) veo mi serie favorita. Después, a las (9) .... (22:30), me ducho y me acuesto a las (10) .... (23:25).

[DÍA 44]

PRETÉRITO INDEFINIDO: VERBOS IRREGULARES

Ejercicio 1

Cambia la frase en presente a una en pasado según el modelo.

Zamień zdanie w czasie teraźniejszym na zdanie w czasie przeszłym według wzoru.

Ejemplo: *Hoy Pepe está en casa. (en la escuela) – Ayer Pepe estuvo en la escuela.*

1. Hoy hacemos la limpieza por la mañana. (**por la tarde**)

   ....

2. Normalmente mi hijo dice la verdad. (**una mentira**)

   ....

3. Siempre pongo la tele después del trabajo. (**la música**)

   ....

4. Cada día Pablo y Pedro van a la escuela en autobús. (**en coche**)

   ....

5. ¿Qué haces hoy por la tarde? (**por la noche**)

   ....

6. Todos los días voy al cine. (**al teatro**)

   ....

7. Hoy Ana tiene mucho tiempo libre. (**mucho trabajo**)

   ....

8. ¿Estáis en casa hoy por la tarde? (**por la mañana**)

   ....

PRETÉRITO INDEFINIDO: VERBOS PARCIALMENTE IRREGULARES

Ejercicio 2

Elige la opción correcta.

Wybierz odpowiednią opcję.

1. El año pasado *construimos / construymos* una casa en el campo.
2. Le *pidí / pedí* ayuda pero no quiso ayudarme.
3. ¿*Conducisteis / Condujisteis* ayer?
4. *Huyó / Huió* sin decir adiós.
5. *Siguieron / Seguieron* con el mismo tema toda la tarde.
6. *Siguió / Seguió* haciendo los deberes todo el día ayer.
7. Nos *pedió / pidió* que le perdonáramos.
8. Anoche *dormí / durmí* muy mal.
9. Mi hijo *durmió / dormió* muy bien anteanoche.
10. Sus padres *murieron / morieron* en un accidente de tráfico.

Ejercicio 3

IR A + INFINITIVO

Completa con la forma adecuada de la constucción *ir a + infinitivo*.

Uzupełnij odpowiednią formą konstrukcji *ir a + infinitivo*.

1. Mi jefe .... (ir, él) de viaje a Japón este mes.
2. ¿Qué .... (**hacer, vosotros**) en esta situación?
3. Julia no .... (**salir, ella**) esta noche.
4. .... (**trabajar, nosotros**) el domingo que viene.
5. Mi hermano y su novia .... (**cenar, ellos**) en un restaurante italiano hoy por la tarde.
6. ¿ .... (**bailar, tú**)?
7. .... (**limpiar, yo**) la casa mañana.
8. ¿ .... (**hablar, vosotros**) con el jefe hoy?
9. Tranquilo, nosotros .... (**comprar, nosotros**) los billetes.
10. Mi hermano .... (**estudiar, él**) toda la noche para aprobar este examen.
11. Mañana Lola y Carmen .... (**ver, ellas**) esta película en el cine.
12. .... (**leer, yo**) este libro por la tarde.
13. ¿ .... (**escuchar, tú**) este disco o puedo llevármelo?
14. El próximo mes Mario .... (**vivir, él**) en casa de su abuelo.
15. ¿Qué .... (**beber, vosotros**)?

Ejercicio 4

ESCUELA

Elige la palabra adecuada.

Wybierz odpowiednie słowo.

ejercicios clases curso estudian obtener aprendo sillas aprobar alumnos escuela suspender mesas pizarras mis deberes asignaturas

Durante la semana tengo muchas cosas que hacer. De 8 a 15 normalmente estoy en la escuela y a las 17:30 los martes y los jueves voy a un (1) ______________ a una escuela de idiomas donde (2) ______________ inglés. Estoy en la (3) ______________ primaria. Mi escuela es grande y bonita. En las (4) ______________ hay unas (5) ______________ nuevas en las paredes, (6) ______________ de madera y (7) ______________ cómodas para los (8) ______________ y el profesor.

En la escuela tenemos muchas (9) ______________ matemáticas, química, geografía, historia, español y física. Los profesores nos dan muchos (10) ______________ : para preparar en casa. Yo siempre hago (11) ______________ porque quiero (12) ______________ buenas notas. Al final de la escuela primaria vamos a tener un examen. Todos los alumnos quieren (13) ______________ , no quieren (14) ______________ . Por eso (15) ______________ mucho.

[DÍA 45]

PRETÉRITO INDEFINIDO: VERBOS PARCIALMENTE IRREGULARES

Ejercicio 1

Completa con la forma verbal adecuada.

Uzupełnij odpowiednią formą czasownika.

1. Aquel día te .... (**pedir, yo**) ayuda.
2. ¿Cómo .... (**dormir, tú**) anoche?
3. Mis hijos no .... (**dormir, ellos**) bien ayer.
4. ¿Por qué me .... (**mentir, tú**)?
5. Supimos que nos .... (**mentir, ellos**) pero no dijimos nada.
6. El mes pasado .... (**despedir, nosotros**) a uno de nuestros trabajadores.
7. Después de los 3 meses de prueba .... (**seguir, yo**) trabajando en aquella empresa.
8. Ayer .... (**seguir, él**) nevando.
9. María y Manuel .... (**elegir, ellos**) el coche rojo.
10. El año pasado .... (**traducir, yo**) el libro de Pérez-Reverte.
11. ¿ .... (**leer, vosotros**) el periódico ayer?
12. La tormenta .... (**destruir, ella**) muchas casas.
13. En el accidente .... (**morir, ellas**) dos personas.
14. Anteayer .... (**constuir, yo**) una casita para mi perro.
15. ¿Por qué .... (**huir, tú**) de allí?

NEGATIVAS

Ejercicio 2

Elige la frase correcta

Wybierz poprawne zdanie.

1. Hay nada en la nevera. / No hay nada en la nevera.
2. Nunca he estado en China. / He estado en China nunca.
3. No he visto nunca esta película. / He visto nunca esta película.
4. No hay nadie en casa. / Hay nadie en casa.
5. No tengo ningún problema. / Tengo ningún problema.
6. No veo nada. / Nada veo.
7. No compramos nada. / Compramos nada.
8. Nadie ha venido a la fiesta. / Ha venido nadie a la fiesta.
9. No ha venido nadie a la fiesta. / Ha nadie venido a la fiesta.
10. María tiene camisa roja ninguna. / María no tiene ninguna camisa roja.

Ejercicio 3

ADJETIVOS: FORMAS ABREVIADAS

Completa con las formas abreviadas del adjetivo.
Uzupełnij formami skróconymi czasownika.

1. Es un .... hombre, muy honesto y digno de confianza. (grande)
2. En esta ciudad vivió .... Francisco de Asís. (santo)
3. Es mi .... día en este trabajo. (primero)
4. Es el .... coche que vemos y no me gusta. (tercero)
5. Hoy hace .... tiempo, no tengo ganas de salir de casa. (malo)
6. Me gusta cuando está soleado y hace .... tiempo. (bueno)
7. .... día voy a ir de viaje a China. (alguno)
8. .... chico de mi clase sabe tocar la guitarra. (ninguno)
9. ¿Has visto este .... cuadro de Velázquez? (grande)
10. Pablo es un .... estudiante. (malo)
11. Diego es un .... padre. (bueno)
12. No me gusta .... libro de este autor. (ninguno)
13. Paco fue el .... hombre que me compró flores. (primero)
14. ¿Tienes .... bolígrafo? (alguno)
15. Juan es el .... alumno en la clase. (tercero)

Ejercicio 4

EMOCIONES

Completa el texto con las palabras del cuadro en la forma adecuada.
Uzupełnij tekst słowami z ramki w odpowiedniej formie.

paciencia aburrido ponerse a triste deprimido odiar expresar reír alegre contento espontáneo enfadarse

De niños todos somos (1) .... Cuando crecemos aprendemos a controlar las emociones. Los pequeños, sin embargo, raras veces hacen caso a los buenos modales y (2) .... todo lo que sienten en forma directa. Cuando se ponen (3) .... empiezan a llorar, cuando (4) .... gritan, cuando algo les parece divertido (5) ....

La semana pasada en la consulta del dentista observaba a una niña de más o menos 6 años que esperaba su visita. Su mamá intentaba divertirla con un cuento de hadas, pero a la chica la historia le parecía (6) .... y en seguida se lo dijo sin rodeos. La mamá le dio entonces un caramelo y la pequeña se lo comió muy (7) .... Sin embargo, de repente la expresión de su cara cambió: la niña pareció (8) .... , (9) .... llorar y dijo: "Mamá, hoy Lola no me ha dejado jugar con su muñeca Barbie. No voy a jugar con ella nunca jamás. ¡La (10) .... !" La madre le recordó con (11) .... que el día siguiente junto con Lola iba al cine. Entonces el humor de la pequeña cambió de nuevo y, muy (12) .... le empezó a contar a su mamá los planes de las dos amigas.

[DÍA 46]

VERBO & PREPOSICIÓN

Ejercicio 1

Completa las frases con una preposición del cuadro.

Uzupełnij zdania przyimkiem z ramki.

contra con (x 4) en (x 3) de (x 2) a (x 4) ø

1. Tengo que hablar ______ Ramón, necesito su ayuda.
2. Marta es mi mejor amiga, siempre puedo contar ______ ella.
3. Saluda ______ tus padres de mi parte.
4. He dividido el pastel ______ 10 trozos.
5. ¿Tienes miedo ______ las arañas?
6. Jorge se pelea mucho ______ su esposa.
7. Se han despedido ______ nosotros y han salido.
8. Hay que luchar ______ las malas costumbres.
9. ¿Te acuerdas ______ mi prima Eva?
10. Soñamos ______ ir de viaje alrededor del mundo.
11. La actitud del profesor influyó mucho ______ el comportamiento de los estudiantes.
12. El tribunal no creyó ______ sus excusas.
13. Mi novio es muy guapo, se parece ______ Javier Bardem.
14. Piensa ______ tus méritos, te sentirás más seguro.
15. Todos queremos saber quién va a acompañar ______ Lola .

ORDINALES

Ejercicio 2

Completa con los ordinales.

Uzupełnij liczebnikami porządkowymi.

– Oiga, por favor, ¿cómo puedo llegar a la Universidad?
– Mira... tienes que ir todo recto y después girar la (1) ______ (2°) calle a la derecha. Luego, ve unos 200 metros y gira la (2) ______ (1°) a la izquierda. Allí, enfrente del cine está la parada de autobús. Coge la (3) ______ (10°) línea y baja en la (4) ______ (9°) parada. Haz transbordo y coge la (5) ______ (8°) línea el metro. Baja en la (6) ______ (7°) parada, cerca de la Ópera. Gira en la calle de Enrique (7) ______ (6°). Luego gira la (8) ______ (4°) calle a la izquierda e, inmediatamente después, en la calle de Hernán (9) ______ (5°). Allí está la Universidad, es el (10) ______ (3°) edificio a la derecha.
– Bueno... ¿me lo puede escribir?
– Claro, hombre.

Ejercicio 3

IMPERATIVO

Transforma las frases según el modelo.

Przekształć zdania według modelu.

Ejemplo: *¿Puedo comer la manzana? – Sí, cómela.*

1. ¿Puedo leer este libro? ....
2. ¿Puedo probar la paella? ....
3. ¿Puedo coger prestadas las gafas de sol? ....
4. ¿Puedo comprarme estos pantalones? ....
5. ¿Puedo beber el zumo? ....
6. ¿Puedo abrir la ventana? ....
7. ¿Puedo cerrar la puerta? ....
8. ¿Puedo lavarme las manos? ....
9. ¿Puedo darte un beso? ....
10. ¿Puedo pasar la aspiradora? ....
11. ¿Puedo escuchar música? ....
12. ¿Puedo hacer el pastel? ....

Ejercicio 4

MESES

Busca en el diagrama los nombres de los doce meses.

Odszukaj w diagramie nazwy dwunastu miesięcy.

D	E	J	N	M	A	R	Z	O	G	T	F	H	E	N	C	M	I	U	I	V	D
I	U	O	I	A	G	O	S	T	O	U	E	E	E	J	E	U	C	N	C	P	I
C	E	R	M	C	S	H	A	A	F	E	B	R	E	R	O	I	D	K	I	O	C
I	W	O	A	D	I	O	C	T	U	B	R	E	Q	Y	J	U	L	I	O	I	E
E	N	E	R	O	I	C	M	D	K	L	E	M	A	I	U	K	E	O	O	I	F
M	P	O	I	S	E	P	T	I	E	M	B	R	E	I	N	J	I	I	E	P	C
B	M	S	C	N	K	S	N	C	E	I	O	K	E	C	I	W	M	A	Y	O	L
R	O	W	A	B	R	I	L	U	C	J	C	J	C	K	O	K	D	K	D	I	K
E	S	K	C	I	N	O	V	I	E	M	B	R	E	C	P	C	X	M	V	N	C

a) ....

b) ....

c) ....

d) ....

e) ....

f) ....

g) ....

h) ....

i) ....

j) ....

k) ....

l) ....

[DÍA 47]

PRESENTE DE INDICATIVO

Ejercicio 1

Coloca los verbos en la columna adecuada. Ten en cuenta las irregularidades en la conjugación.

Dopasuj czasowniki do odpowiedniej kolumny. Weź pod uwagę nieregularności w odmianie.

jugar servir pensar querer pedir empezar despedir acordarse poder costar vestirse conocer salir despertarse tener perder recordar volver poner dormir acostarse

E:IE	O:UE	E:I	U:UE	Nieregularna forma "yo"

NEGATIVAS

Ejercicio 2

Relaciona la pregunta con la respuesta.

Połącz pytanie z odpowiedzią.

1. ¿Has comido en un restaurante tailandés?
2. ¿Has visto a alguien conocido en la fiesta?
3. ¿Hay algo en la nevera?
4. ¿Hay alguien en tu casa?
5. ¿Has probado el pulpo?
6. ¿Has hecho algo interesante hoy?
7. ¿Hay alguna chica rubia aquí?
8. ¿Has hablado con alguien famoso?
9. ¿Tienes algún bolígrafo?
10. ¿Has bailado tango?

a) Nunca lo he bailado.
b) No hay nadie.
c) No he comido nunca ahí.
d) No hay ninguna.
e) No tengo ninguno.
f) No he visto a nadie.
g) Nunca lo he probado.
h) No hay nada.
i) No he hecho nada interesante.
j) No he hablado con nadie.

Ejercicio 3

IMPERATIVO

Completa con la forma del Imperativo adecuada.

Uzupełnij odpowiednią formą trybu rozkazującego.

1. Si están cansados, ... (**sentarse, ustedes**) en el sofá.
2. .... (**comer, vosotros**) más verduras, son muy sanas.
3. Mañana tenemos que salir a las 6, así que .... (**acostarse, tú**) pronto.
4. Creo que estás enfermo, ... (**ir, tú**) al médico.
5. .... (**traer, usted**) algo de beber, el resto ya lo tenemos todo.
6. .... (**bañarse, vosotros**) en el mar, el agua es perfecta.
7. .... (**hacer, ustedes**) estos ejercicios en casa.
8. .... (**conocer, usted**) a mi hijo, Roberto.
9. Para llegar al teatro .... (**ir, usted**) todo recto.
10. .... (**girar, usted**) a la izquierda.
11. .... (**probar, ustedes**) mi pastel, es bueno.
12. Si tienes sueño, ... (**beber, tú**) un café.
13. .... (**ducharse, vosotros**) antes de salir.
14. .... (**ponerse, tú**) esta falda, te queda muy bien.
15. Paco está aburrido, ... (**jugar, vosotros**) con él al fútbol.

Ejercicio 4

EXPRESIONES BÁSICAS

Completa el diálogo con las expresiones del cuadro.

Uzupełnij dialog wyrażeniami z ramki.

Encantado de conocerte — Me llamo — ¿De dónde eres? — Hablo sólo un poco de español — Hola — ¿Y tú? — Muy bien, gracias — Vivo en Córdoba — Mucho gusto — Es de Italia

– Hola.
– (1) .... ¿Qué tal?
– (2) .... ¿Cómo te llamas?
– (3) .... Ana. (4) ....
– Soy Juan. (5) ....
– Encantada.
– (6) ....
– Soy de España. (7) .... Esta es mi amiga, Rosa. (8) ....
– (9) .... , Rosa. ¿Hablas español?
– (10) ....

[DÍA 48]

IMPERATIVO

Ejercicio 1

Relaciona el verbo con la forma adecuada de *usted* de Imperativo.

Połącz czasownik z odpowiednią formą *usted* trybu rozkazującego.

1. dar	a) oiga
2. estar	b) sea
3. hacer	c) quiera
4. ir	d) esté
5. oír	e) dé
6. poder	f) haga
7. poner	g) tenga
8. saber	h) traiga
9. salir	i) sepa
10. ser	j) vaya
11. tener	k) pueda
12. traer	l) venga
13. venir	m) ponga
14. ver	n) salga
15. querer	o) vea

PRETÉRITO INDEFINIDO: VERBOS REGULARES

Ejercicio 2

Completa con la forma verbal adecuada.

Uzupełnij odpowiednią formą czasownika.

1. En 1985 Ricardo .... (**terminar, él**) sus estudios de Medicina.
2. Anteayer mis padres .... (**salir, ellos**) de viaje.
3. Anoche .... (**beber, yo**) demasiado.
4. En julio del año pasado .... (**viajar, nosotros**) a París.
5. ¿Qué .... (**escuchar, tú**) en la radio ayer por la noche?
6. ¿Dónde .... (**ir, vosotros**) hace 10 años?
7. Pedro .... (**llegar, él**) a casa a la 1 de la noche.
8. El verano pasado mis amigas .... (**conocer, ellas**) a C.L. Zafón.
9. En 1990 .... (**nacer, ella**) mi primera hija.
10. Ayer .... (**vender, yo**) mi coche.
11. El domingo pasado en la fiesta de María .... (**bailar, yo**) toda la noche.
12. ¿ .... (**hablar, tú**) con el jefe ayer en la reunión?

Ejercicio 3

PARTICIPIO: FORMA REGULAR & IRREGULAR

Completa las columnas con los verbos adecuados.
Uzupełnij kolumny odpowiednimi czasownikami.

ver vivir decir volver ir poner ser bailar escribir conocer

PARTICIPIO REGULAR	PARTICIPIO IRREGULAR

Ejercicio 4

VIDA SOCIAL

Completa con las palabras del cuadro.
Uzupełnij słowami z ramki.

salimos de fiesta juegos de mesa tocamos bailamos paseos nos divertimos jugamos charlamos voleibol cerveza cantamos conocemos ir al cine fuera conciertos

Querida María:

Me alegro mucho de que todo te vaya bien. Como sabes, yo estoy de vacaciones con mis amigos en Italia. A decir verdad, ¡ (1) ________ mucho! Cada noche (2) ________ a una discoteca o un bar. (3) ________ salsa y bebemos (4) ________ . A veces también nos quedamos en el hotel y (5) ________ a las cartas o (6) ________ la guitarra y (7) ________ varias canciones que están de moda. Durante el día damos largos 8) ________ por la playa y (9) ________ con todas las chicas sobre los hombres y otros temas. (10) ________ también a mucha gente nueva aquí. Además, nos gusta comer (11) ________ , especialmente en los restaurantes típicos italianos. Nos encanta (12) ________ a ver una buena película o también a (13) ________ de música. Algunas veces jugamos al (14) ________ en la playa o a (15) ________ como el *Monopoly*.

¡Espero que tus vacaciones también sean estupendas!

Un beso,

Lola

[DÍA 49]

PRONOMBRES PERSONALES

Ejercicio 1

Completa con el pronombre posesivo adecuado.
Uzupełnij odpowiednim zaimkiem dzierżawczym.

1. .... perro se llama Pepito. (yo)
2. .... hija es abogada. (nosotros)
3. .... hijos viven en Estados Unidos. (él)
4. ¿Es .... bolígrafo? (tú)
5. .... casa está en las afueras de Madrid. (ellos)
6. .... padres son de México. (yo)
7. .... libros están en la mesa. (vosotros)
8. .... estudiantes son buenos. (usted)
9. .... piso es nuevo. (ella)
10. .... amigos son médicos. (nosotros)
11. ¿Es .... tienda? (ustedes)
12. ¿Dónde estudia .... hermana? (tú)

SER & ESTAR

Ejercicio 2

Completa con la forma adecuada del verbo *ser* o *estar*.
Uzupełnij odpowiednią formą czasownika *ser* lub *estar*.

1. Mi amigo *es / está* inglés.
2. José *es / está* enfermo.
3. ¿Dónde *es / está* Paco?
4. Mi padre *es / está* ingeniero.
5. *Somos / Estamos* católicos.
6. Paco *es / está* muy alto y delgado.
7. María *es / está* muy simpática y trabajadora.
8. Barcelona *es / está* en España.
9. Pablo *es / está* de España.
10. Ana *es / está* en China.
11. Mi tío *es / está* en el trabajo.
12. Mi casa *es / está* grande.
13. ¿*Eres / Estás* cansado?
14. Hans *es / está* alemán.
15. Mi hermana *es / está* rubia.

Ejercicio 3

PRETÉRITO INDEFINIDO: VERBOS PARCIALMENTE IRREGULARES

En cada frase hay un error. Corrígelo

W każdym zdaniu jest jeden błąd. Popraw go.

1. Ayer Miguel le pedió un favor a Jorge. ....
2. Anteanoche durmimos muy mal. ....
3. El mes pasado morió mi gato. ....
4. Paco y Diego leieron libros todo el día. ....
5. ¿El sábado condujiste el coche por primera vez? ....
6. El mes pasado construieron una piscina. ....
7. Anteayer Juan preferió quedarse en casa. ....
8. El profesor corregió los ejercicios. ....
9. La camarera nos servió la paella. ....
10. En la fiesta de mi cumpleaños sirvie los helados. ....
11. El niño destruió sus juguetes. ....
12. Oyi un ruido en casa de mis vecinos. ....

Ejercicio 4

PAÍS Y SOCIEDAD

Completa las palabras.

Uzupełnij słowa.

1. por ejemplo, Polonia, España, Rusia, etc. – _ A _ S
2. dar un voto – _ O T _ _
3. una persona que gobierna en un país – _ R _ S _ D _ _ _ E
4. una acción de elegir a una persona como presidente – E _ _ C C _ _ _ E _
5. un estado de no ser dependiente de otro país – _ N D _ _ _ _ D _ N _ _ _
6. el grupo de personas que junto con el presidente gobierna en un país – G O _ _ E _ _ _
7. un país donde hay un rey – _ _ N _ _ Q _ _ A
8. una lengua en la que hablas desde niño – _ _ _ G U _ M _ T _ R _ _
9. una forma de organización del país donde todos los habitantes votan – _ E _ _ C _ _ C _ A
10. una persona que se puede elegir en las elecciones – _ A _ D _ D _ _ _
11. uno de los órganos legislativos en el parlamento español – _ Á _ _ R A B _ J _
12. la falta de empleo – D _ S _ _ _ L _ _
13. magistrado encargado de administrar justicia – T R _ _ U _ _ _
14. el conjunto de elementos y servicios necesarios para el funcionamiento del país – _ _ F _ _ _ S _ R U _ _ U _ _
15. una forma de ayuda económica concedida por ejemplo por el gobierno – S _ B _ _ D I _

DÍA 50

IMPERATIVO

Ejercicio 1

Completa con la forma adecuada del Imperativo.

Uzupełnij odpowiednią formą trybu rozkazującego.

1. No .... (**comprar, tú**) estos zapatos, son muy caros.
2. No .... (**ir, vosotros**) en avión, es peligroso.
3. No .... (**acostarse, ustedes**) tan pronto.
4. No .... (**ponerse, ustedes**) estas chaquetas, están sucias.
5. No lo .... (**escuchar, tú**), todo el tiempo miente.
6. No .... (**ver, ustedes**) la tele, vamos a ir de paseo.
7. No .... (**jugar, vosotros**) tanto en el ordenador.
8. No .... (**quedarse, usted**) en casa, vaya conmigo al cine.
9. No .... (**huir, tú**) de aquí, tranquilo.
10. No .... (**conducir, usted**) tan rápido.
11. No .... (**volver, vosotros**) tarde.
12. No .... (**tener, ustedes**) miedo, todo está bajo control.

PRESENTE DE INDICATIVO: VERBOS PARCIALMENTE IRREGULARES

Ejercicio 2

Elige la forma verbal adecuada.

Wybierz odpowiednią formę czasownika.

1. No .... (**yo**) comer.
   a) quero b) quiero c) quiro
2. La película .... a las 8 de la tarde.
   a) empieza b) empeza c) empiza
3. María .... muy elegante.
   a) se veste b) se viste c) se vieste
4. No .... (**nosotros**) salir hoy, tenemos mucho trabajo.
   a) puedemos b) podemos c) pedimos
5. No .... (**yo**) a nadie en esta ciudad.
   a) conozco b) conoco c) conuezco
6. .... (**yo**) el regalo a mi hijo.
   a) Do b) Dao c) Doy
7. Siempre .... (**yo**) los deberes.
   a) haco b) hago c) huego
8. ¿Qué .... (**tú**) del nuevo libro de García Márquez?
   a) piensas b) pensas c) penses

Ejercicio 3

PRETÉRITO INDEFINIDO: VERBOS REGULARES

Elige el verbo del cuadro y completa la frase con su forma adecuada.
Wybierz czasownik z ramki i uzupełnij zdania jego odpowiednią formą.

lavarse hablar acostarse beber nacer abrir salir viajar comprar levantarse

1. En 1990 __________ (él) mi hijo.
2. Anteanoche __________ (yo) de fiesta con mi amigo.
3. El mes pasado __________ (nosotros) una casa en el campo.
4. Ayer __________ (tú) con Jorge de este tema, ¿no?
5. El otro día los señores Martínez __________ (ellos) temprano, a las 6 de la mañana.
6. Las vacaciones pasadas __________ (tú) a Japón, ¿verdad?
7. El martes pasado __________ (yo) muy tarde, a las 3 de la noche.
8. Conchi __________ (ella) las manos y empezó a comer.
9. Hace dos días Manolo __________ (él) demasiado.
10. Aquel día __________ (vosotros) la puerta de clase, ¿no?

Ejercicio 4

EXPRESIONES BÁSICAS

Relaciona las expresiones con la respuesta adecuada.
Połącz wyrażenia z właściwą odpowiedzią.

1. ¿Qué tal?	a) Jota – o – ese – e.
2. ¿Cómo te llamas?	b) Vivo en Madrid.
3. ¿Cuántos años tienes?	c) Hablo español y un poco de francés.
4. ¿A qué te dedicas?	d) Soy de Colombia.
5. ¿Dónde vives?	e) Es 546 – 987 – 001.
6. ¿Qué estudias?	f) C/ Cervantes 32, Madrid.
7. Perdona	g) Mucho gusto.
8. Gracias	h) Bien, gracias.
9. ¿Cómo te apellidas?	i) Tengo 20 años.
10. ¿De dónde eres?	j) Estudio Medicina.
11. ¿Cómo se escribe tu nombre?	k) Me llamo Carmen.
12. ¿Cuál es tu dirección?	l) Soy ingeniero.
13. Encantado	m) No pasa nada.
14. ¿Qué lenguas hablas?	n) De nada.
15. ¿Cuál es tu número de teléfono?	o) Me apellido Jiménez Rodríguez.

[KLUCZ]

DÍA 1

Ejercicio 1

1. yo. 2. ella. 3. vosotras. 4. tú; 5. ustedes. 6. nosotros. 7. usted. 8. ellos. 9. él. 10. vosotros. 11. usted. 12. ellas. 13. Nosotros. 14. Ustedes. 15. Ustedes.

Ejercicio 2

1. los chicos. 2. las amigas. 3. los actores. 4. los carteles. 5. las mesas. 6. los estudiantes. 7. los profesores. 8. los dependientes. 9. las tías. 10. las reinas. 11. los coches. 12. los vendedores. 13. las flores. 14. los cafés. 15. las casas.

Ejercicio 3

1. a. 2. b. 3. a. 4. c. 5. b. 6. a. 7. b. 8. c. 9. a. 10. b.

Ejercicio 4

1. c. 2. n. 3. f. 4. g. 5. e. 6. j. 7. b. 8. h. 9. k. 10. o. 11. l. 12. m. 13. i. 14. a. 15. d.

DÍA 2

Ejercicio 1

1. un. 2. una. 3.un. 4. una. 5. un. 6. unos. 7. un. 8. una. 9. un. 10. unas. 11. un. 12. un. 13. unas. 14. una. 15. un. 16. unas.

Ejercicio 2

1. estoy pensando. 2. están haciendo. 3. está viendo. 4. está hablando. 5. estoy leyendo. 6. están jugando. 7. está comiendo. 8. está tocando. 9. está durmiendo. 10. Estás escribiendo. 11. estamos trabajando. 12. está recogiendo. 13. está esperando. 14. está practicando. 15. están planeando. 16. estamos pensando. 17. estáis haciendo.

Ejercicio 3

1. c. 2. e. 3. f. 4. h. 5. j. 6. a. 7. i. 8. b. 9. d. 10. g.

Ejercicio 4

1. transbordo. 2. atasco. 3. puente. 4. mercado. 5. buzón. 6. farmacia. 8. estadio. 9. acera. 10. comisaría. 11. cibercafé. 12. vía. 13. dirección. 14. estanco. 15. zapatería.

DÍA 3

Ejercicio 1

1. está. 2. hay. 3. están. 4. está. 5. está. 6. Hay. 7. Hay. 8. está. 9. hay. 10. hay. 11. está. 12. hay. 13. hay. 14. está. 15. hay

Ejercicio 2

1. yo. 2. él, ella, usted. 3. nosotros/as 4. ellos/as, ustedes. 5. yo 6. vosotros/as. 7. él, ella, usted. 8. yo. 9. tú. 10. él, ella, usted. 11. vosotros/as. 12. ellos/as, ustedes. 13. nosotros/as. 14. él, ella, usted. 15. tú. 16. nosotros/as

Ejercicio 3

1. Mi. 2. tuyo. 3. Nuestra. 4. suyo. 5. míos. 6. Vuestra. 7. nuestro. 8. tu. 9. sus. 10. vuestras. 11. mía. 12. El nuestro. 13. Su. 14. míos. 15. mía.

Ejercicio 4

Cine – fila, taquilla, asiento, película, entrada

Teatro – público, fila, taquilla, asiento, entrada, función, escena, representación, entreacto

Deporte – baloncesto, entrenar, voleibol, correr, ir al gimnasio, fútbol, nadar, campo

DÍA 4

Ejercicio 1

1. una chica. 2. una gata. 3. una madre. 4. una actriz. 5. una estudiante. 6. una reina. 7. una mujer. 8. una hermana. 9. una hija. 10. una profesora. 11. una vendedora. 12. una dependienta. 13. una cocinera. 14. una princesa.

Ejercicio 2

1. bebe. 2. escuchamos. 3. vives. 4. habláis. 5. escribo. 6. comen. 7. estudia. 8. Comprenden. 9. busca. 10. Desayuno. 11. bailan. 12. paseamos. 13. Leéis. 14. escribe. 15. Abres.

Ejercicio 3

1. i. 2. d. 3. f. 4. b. 5. g. 6. c. 7. h. 8. a. 9. e.

Ejercicio 4

1. querría ir. 2. ciudad. 3. está bastante lejos. 4. estación. 5. está al lado. 6. izquierda. 7. línea. 8. bajar. 9. haz transbordo. 10. directamente.

DÍA 5

Ejercicio 1

1. c. 2. a. 3. b. 4. a. 5. b. 6. c. 7. b. 8. b. 9. a. 10. c.

Ejercicio 2

1. fácilmente. 2. rápidamente. 3. alto. 4. últimamente. 5. actualmente.6. seguramente.7. mal.8. bien.9. barato. 10. largamente. 11. bastante. 12. naturalmente.

Ejercicio 3
1. b. 2. a. 3. b. 4. c. 5. a. 6. c. 7. a. 8. c. 9. c. 10. b. 11. b. 12. a.

Ejercicio 4
1. me duele. 2. le duelen. 3. están. 4. tiene. 5. está. 6. tiene. 7. pastillas. 8. aspirina. 9. tiene. 10. médico. 11. jarabe. 12. te duele.

DÍA 6

Ejercicio 1
1. c. 2. c. 3. a. 4. a. 5. c. 6. b. 7. b. 8. a. 9. c. 10. c.

Ejercicio 2
1. pasar. 2. a. 3. van. 4. tener. 5. a. 6. estar. 7. vamos. 8. bañarse. 9. voy. 10. viajar. 11. a. 12. va.

Ejercicio 3
1. estáis. 2. Tengo. 3. vas. 4. Voy. 5. son. 6. Estoy. 7. Tenemos. 8. Eres. 9. Sois. 10. tiene. 11. tienen. 12. Sois.

Ejercicio 4
1. restaurante. 2. sala para no fumadores. 3. camarero. 4. menú. 5. De primero. 6. plato principal. 7. De beber. 8. sin gas. 9. de postre. 10. cuenta. 11. en efectivo. 12. propina. 13. expreso. 14. cafetería. 15. sabroso.

DÍA 7

Ejercicio 1
1. Paco no es italiano. 2. ¿No tienes sed? 3. No nos levantamos a las 9 de la mañana. 4. ¿No habláis alemán? 5. Pedro y Juan no saben tocar la guitarra. 6. Los domingos no voy a la iglesia. 7. ¿No escuchas la radio en coche? 8. Mi padre no se llama Diego.

Ejercicio 2
1. muy. 2. mucho. 3. muchos. 4. mucho. 5. muchos. 6. muy. 7. muchos. 8. muchos. 9 muy. 10. mucho.

Ejercicio 3
1. ¿Cómo es tu novia? 2. ¿Adónde vas de vacaciones? 3. ¿Hay leche en la nevera? 4. ¿Cuántos perros tienes? 5. ¿Ha venido Juan? 6. ¿Te llevas bien con tu hermano? 7. ¿Por qué no me has llamado? 8. ¿A qué hora sales del trabajo? 9. ¿Quiénes son estos hombres? 10. ¿Quién está llamando?

Ejercicio 4
1. e. 2. f. 3. a. 4. c. 5. b. 6. h. 7. i. 8. j. 9. g. 10. d. 11. m. 12. o. 13. l. 14. n. 15. k.

DÍA 8

Ejercicio 1
1. es. 2. hay. 3. es. 4. está. 5. hay. 6. es. 7. hay. 8. está. 9. está. 10. es.

Ejercicio 2
1. Quiero ir a Canadá este año. 2. ¿Juegas con nosotros? 3. Mi hijo construye unos castillos de arena. 4. No entiendo la lección. 5. ¿Duermes bien en esta cama? 6. Mi hermano no sabe hablar chino. 7. Te vistes muy bien. 8. Los fines de semana me despierto muy tarde. 9. Te pido un favor. 10. ¿A qué hora vuelve tu prima? 11. La vecina hace la compra. 12. Tienes que limpiarte los dientes. 13. La bailarina hace mucho ejercicio. 14. Siempre divido el trabajo en tres etapas. 15. ¡¿Cada año te compras un coche nuevo?!

Ejercicio 3
1. b. 2. c. 3. a. 4. a. 5. a. 6. b. 7. c. 8. c. 9. a. 10. c.

Ejercicio 4
1. b. 2. c. 3. e. 4. a. 5. g. 6. d. 7. h. 8. f.

DÍA 9

Ejercicio 1
1. b. 2. f. 3. a. 4. c. 5. d. 6. e.

Ejercicio 2
1. me he levantado. 2. nos hemos bañado. 3. se han trasladado. 4. Te has acostado. 5. se ha duchado. 6. se ha vestido. 7. se ha lavado. 8. os habéis peinado. 9. Me he despertado. 10. nos hemos echado. 11. se han sentido. 12. te has puesto. 13. se ha casado. 14. os habéis comido. 15. se ha preparado.

Ejercicio 3
1. c. 2. g. 3. j. 4. a. 5. e. 6. d. 7. k. 8. f. 9. l. 10. h. 11. b. 12. i.

Ejercicio 4
1. calle. 2. cine. 3. comisaría. 4. farmacia. 5. Correos. 6. iglesia. 7. panadería. 8. carnicería. 9. cibercafé. 10. ayuntamiento. 11. embajada. 12. tribunal. 13. parques. 14. parque zoológico. 15. estadio.

DÍA 10

Ejercicio 1
1. hecho. 2. bebido. 3. comido. 4. muerto. 5. vuelto. 6. encontrado. 7. besado. 8. salido. 9. visto. 10. escuchado.

Ejercicio 2
1. d. 2. c. 3. a. 4. e. 5. b.

Ejercicio 3
1. Me llevo bien con todos mis primos. 2. Sé que puedo contar con Juan. 3. Hay que dividir el dinero en tres partes. 4. Me gusta jugar al baloncesto. 5. Miguel lucha contra sus defectos. 6. Estamos hablando de la última película de Almodóvar. 7. Nos despedimos de la abuela y nos vamos. 8. No me acuerdo de este chico. 9. No te pelees con tu hermano. 10. Te pareces a Javier Bardem.

Ejercicio 4
1. camiseta. 2. falda. 3. cinturón. 4. bufanda. 5. gorro. 6. guantes. 7. calcetines. 8. pendientes. 9. anillo. 10. traje. 11. sujetador. 12. rebeca. 13. medias. 14. chanclas. 15. abrigo.

DÍA 11

Ejercicio 1

1. c. 2. a. 3. c. 4. b. 5. b. 6. a. 7. c. 8. c. 9. a. 10. b. 11. a. 12. c. 13. b. 14. a. 15. c.

Ejercicio 2

1. ¿Cómo está tu padre? 2. ¿Por qué quieres ir a Japón? 3. ¿Está Eva en casa? 4. ¿Qué hora es? 5. ¿De dónde eres? 6. ¿Cuánto dinero necesitas? 7. ¿Ha llamado Carlos? 8. ¿Estás muy cansado? 9. ¿Cuándo vamos a comer? 10. ¿Tienes hermanos?

Ejercicio 3

1. estar. 2. jugar. 3. leer. 4. conocer. 5. traducir. 6. poder. 7. empezar. 8. llamarse. 9. despertarse. 10. recordar.

Ejercicio 4

1. hace bastante sol. 2. llueve. 3. hace muy buen tiempo. 4. Hace mucho calor .5. altas. 6. despejado. 7. frío. 8. viento. 9. cubierto. 10. tormenta. 11. llueve. 12. niebla. 13. bajo cero. 14. nieva. 15. frías.

DÍA 12

Ejercicio 1

1. está llorando. 2. Estamos preparando. 3. estás diciendo. 4. está durmiendo. 5. Estoy leyendo. 6. están bailando. 7. Estoy hablando. 8. se está duchando. 9. Estamos estudiando. 10. Está lloviendo.

Ejercicio 2

1. d. 2. g. 3. e. 4. i. 5. c. 6. l. 7. k. 8. j. 9. a. 10. h. 11. f. 12. b.

Ejercicio 3

1. muy. 2. mucho. 3. muy. 4. mucha. 5. mucho. 6. muy. 7. muy. 8. mucho. 9. muy. 10. mucho. 11. muy. 12. muchos.

Ejercicio 4

1. jirafa. 2. gallina. 3. perro. 4. gato. 5. mono. 6. cebra. 7. paloma. 8. oveja. 9. vaca. 10. león. 11. serpiente. 12. mosquito. 13. ballena. 14. tigre. 15. rana.

DÍA 13

Ejercicio 1

1. b. 2. a. 3. c. 4. a. 5. b. 6. c. 7. c. 8. a.

Ejercicio 2

1. De. 2. a. 3. de. 4. a. 5. a. 6. Con. 7. en. 8. con. 9. a. 10. con.

Ejercicio 3

1. Mire. 2. Ve. 3. compra. 4. lee. 5. Toma. 6. bebe. 7. Come. 8. toma. 9. descansa. 10. Toma. 11. escribe. 12. llama

Ejercicio 4

Hace: sol, calor, frío, viento, buen tiempo, mal tiempo
Está: nublado, cubierto, despejado
Hay: lluvia, nieve, arco iris, tormenta

DÍA 14

Ejercicio 1

1. El. 2. El. 3. El. 4. las. 5. el. 6. Los. 7. El. 8. la. 9. El. 10. Las.

Ejercicio 2

1. b. 2. a. 3. c. 4. b. 5. b. 6. c. 7. a. 8. a. 9. b. 10. a.

Ejercicio 3

1. Cierra. 2. Coman. 3. Lavaos. 4. Acuéstese. 5. Vístete. 6. Vengan. 7. Empezad. 8. Salga. 9. Haga. 10. Abre. 11. Tirad. 12. Dúchense.

Ejercicio 4

1. ordenador personal. 02. teclado. 3. ratón. 4. lector de CD – ROM. 5. impresora. 6. imprimir. 7. copiar. 8. pegar. 9. portátil. 10. enviar. 11. recibir. 12. correo electrónico. 13. cámara digital. 14. cámara video. 15. teléfono móvil.

DÍA 15

Ejercicio 1

1. me lo. 2. se los. 3. se la. 4. nos las. 5. se los. 6. se la. 7. me la. 8. se lo. 9. me la. 10. Se la

Ejercicio 2

1. fuimos. 2. bailó. 3. se durmió. 4. volviste. 5. estuvieron. 6. conduje. 7. os pusisteís. 8. hiciste. 9. vendimos. 10. murió. 11. vieron. 12. quiso.

Ejercicio 3

1. ¿Cómo se llama el padre de Carmen? 2. ¿Está Diego en la oficina? 3. ¿Necesitas algo del supermercado? 4. ¿Cuál de estas camisas te gusta más? 5. ¿Con quién vamos al teatro esta tarde? 6. ¿Adónde vas de vacaciones este año? 7. ¿Por qué te gustan los fines de semana? 8. ¿Quieres comer algún dulce?

Ejercicio 4

1. f. 2. h. 3. a. 4. k. 5. n. 6. d. 7. i. 8. m. 9. b. 10. e. 11. c. 12. g. 13. j. 14. l.

DÍA 16

Ejercicio 1

1. d. 2. a. 3. e. 4. f. 5. b. 6. c.

Ejercicio 2

1. b. 2. a. 3. c. 4. c. 5. c. 6. b. 7. b. 8. a. 9. a. 10. b. 11. b.

Ejercicio 3

1. empiezan. 2. sirve. 3. pensaís. 4. viste. 5. Puedes. 6. vienes. 7. decimos. 8. salgo. 9. juega. 10. se despierta.

Ejercicio 4

1. pan. 2. sopa. 3. queso. 4. pollo. 5. carne. 6. jamón. 7. arroz. 8. ensalada. 9. tomate. 10. pepino. 11. manzana. 12. naranja. 13. plátano. 14. zanahoria. 15. mantequilla.

DÍA 17

Ejercicio 1
1. unos. 2. una. 3. un. 4. un. 5. un. 6. El. 7. una. 8. La. 9. las. 10. unos. 12. la. 13. unos. 14. unas. 15. las. 16. el. 17. las.

Ejercicio 2
Tengo dos amigas, Lola y Natalia, que son totalmente diferentes. Lola es más baja y delgada **que** Natalia. Es también **menor** porque tiene 20 años y Natalia tiene 22. Sin embargo, Natalia es una estudiante **mejor**, siempre estudia muchísimo y obtiene **mejores** notas. Lola es tan trabajadora **como** Natalia pero siempre le va **peor** en la escuela. En cambio, Natalia es un poco más vaga pero siempre tiene **mejores** resultados. Las dos chicas son mis **mejores** amigas, Natalia es **tan** simpática como Lola. Lola es una persona **más** tranquila, le gusta pasar el tiempo libre leyendo un libro o viendo la tele, mientras que Natalia es **más** viva, le entusiasma salir por la noche, practicar deporte y viajar. Natalia es también más graciosa **que** Lola, siempre cuenta unos chistes buenísimos.

Ejercicio 3
1. b. 2. b. 3. a. 4. c. 5. a. 6. a. 7. c. 8. c. 9. b. 10. c.

Ejercicio 4
1. el lunes. 2. el martes. 3. el miércoles. 4. el jueves. 5. el viernes. 6. el sábado. 7. el domingo.

DÍA 18

Ejercicio 1
1. ¿Cómo vas al trabajo? 2. ¿A qué hora volvéis de la escuela? 3. Los fines de semana Juan se acuesta muy tarde. 4. Soy polaca. 5. Alberto y Carmen nunca se visten elegante. 6. ¿Oyes lo que dice el Presidente? 7. Mis vecinos se casan este sábado. 8. Miguel se afeita cada día.

Ejercicio 2
1. he tenido. 2. Me he levantado. 3. He trabajado. 4. he abierto. 5. he hecho. 6. han venido. 7. han comprado. 8. Hemos hablado. 9. ha hablado. 10. he visto. 11. he vuelto. 12. he comido. 13. he escrito. 14. he leído. 15. Me he acostado.

Ejercicio 3
1. d. 2. f. 3. a. 4. h. 5. c. 6. i. 7. j. 8. e. 9. g. 10. b.

Ejercicio 4
El dormitorio: la cama, la mesilla de noche, el armario
La cocina: la nevera, el horno, el lavaplatos, el microondas
El cuarto de baño: la ducha, la bañera, el lavabo, el espejo
La sala de estar: el sofá, la librería, la mesa, las sillas

DÍA 19

Ejercicio 1
1. un. 2. una. 3. un, un. 4. una. 5. una. 6. una. 7. unos. 8. un. 9. un. 10. unas.

Ejercicio 2
1. Lo. 2. la. 3. Lo. 4. los. 5. las. 6. Las. 7. Los. 8. La. 9. Lo. 10. La. 11. La. 12. Los.

Ejercicio 3
1. c. 2. a. 3. a. 4. b. 5. a. 6. a. 7. c. 8. a. 9. b. 10. b.

Ejercicio 4
1. dedos. 2. ojo. 3. oreja. 4. piernas. 5. pie. 6. pelo. 7. cuello. 8. brazos. 9. uña. 10. barba.

DÍA 20

Ejercicio 1
1. me llamo. 2. soy. 3. Vivo. 4. trabajo. 5. me despierto. 6. tengo. 7. hago. 8. queremos. 9. jugamos. 10. salimos. 11. nos acostamos. 12. puedo. 13. empieza. 14. me visto. 15. salgo.

Ejercicio 2
1. dimos. 2. viniste. 3. Quise. pude. 4. dijeron, vieron. 5. estuvisteis. 6. trajimos. 7. hizo, puso. 8. fui. 9. fue. 10. estuvieron, vieron. 11. hubo / hizo. 12. quedé / vimos. 13. vio / se puso. 14. conduje / volví / me dormí.

Ejercicio 3
1. despiértate. 2. vístase. 3. sentaos. 4. prepárense. 5. lávese. 6. dúchate. 7. peinaos. 8. levántense. 9. quédate. 10. cómprese. 11. cásate. 12. múdense.

Ejercicio 4
1. d. 2. f. 3. a. 4. k. 5. m. 6. e. 7. b. 8. n. 9. i. 10. h. 11. j. 12. g. 13. c. 14. l.

DÍA 21

Ejercicio 1
1. me despierto, 2. Quiero, 3. empiezan, 4. cuesta, 5. Dormís, 6. preferimos, 7. piensas, 8. Se siente, 9. construyen, 10. hago

Ejercicio 2
1. Hoy me he despertado a las 7:30 de la mañana. 2. Pedro, Juan, ¿nunca habéis estado en Italia? 3. Hemos escrito la carta a la abuela. 4. Esta mañana he hecho la compra. 5. Hemos bebido todo el zumo. 6. Este mes he comprado un coche para mi hija. 7. ¿Te has duchado ya? 8. Miguel se ha roto la pierna. 9. Mario y Diego han comido la paella. 10. Este año he ido a Grecia a visitar a mi tía.

Ejercicio 3
1. cuarenta y cinco. 2. cincuenta y dos. 3. quince. 4. siete. 5. tres. 6. diecisiete. 7. noventa. 8. dieciséis. 9. sesenta. 10. setenta. 11. trece. 12. seis.

Ejercicio 4
1. Necesito información sobre. 2. Para qué día. 3. sale. 4. llega. 5. Hay otro. 6. Querría comprar un billete. 7. De ida y vuelta. 8. Asiento o litera. 9. Para fumadores o no fumadores. 10. descuento. 11. Cuánto es. 12. Aquí tiene.

DÍA 22

Ejercicio 1
1. me despierto. 2. me levanto. 3. Voy. 4. me cepillo. 5. me afeito. 6. me peino. 7. desayuno. 8. salgo. 9. voy. 10. Empiezo. 11. estoy. 12. hago. 13. descanso. 14. Llamo. 15. Me acuesto.

Ejercicio 2
1. aprobó. 2. perdí. 3. pudieron. 4. fue. 5. viniste. 6. vimos, compramos. 7. dijisteis. 8. se puso, fue. 9. trajo, pidieron. 10. me levanté, hice.

Ejercicio 3
1. Verbos regulares: hablar, comer, vivir, bailar, salir, abrir, conocer
Verbos irregulares: estar, saber, decir, hacer, ir, ser, tener, poder

Ejercicio 4
1. g. 2. e 3. i. 4. f. 5. h. 6. c. 7. l. 8. a. 9. k. 10. b. 11. d. 12. j.

DÍA 23

Ejercicio 1
1. actriz famosa. 2. cocinera buena. 3. princesa bonita. 4. vendedora trabajadora. 5. estudiante vaga. 6. madre cariñosa. 7. gallina negra. 8. reina rica. 9. gata negra. 10. mujer inteligente.

Ejercicio 2
1. Cuántos. 2. Cómo. 3. De dónde. 4. Cuál. 5. Cómo. 6. Dónde. 7. Cuánto. 8. Cuándo. 9. Cuál.

Ejercicio 3
1. se llama. 2. Me lavo. 3. Te duchas. 4. Nos llamamos. 5. os levantáis. 6. se afeitan. 7. me maquillo. 8. se ríe. 9. se levanta. 10. se llaman. 11. se alegra. 12. os cansáis.

Ejercicio 4
1. víctimas. 2. ladrón. 3. robó. 4. puso una bomba. 5. asesino. 6. pistola. 7. robo. 8. delincuentes. 9. tribunal. 10. cárcel. 11. jueces. 12. criminales. 13. castigo. 14. terroristas. 15. traficantes.

DÍA 24

Ejercicio 1
1. Qué. 2. Cómo. 3. Dónde. 4. Cuál. 5. Cuántos. 6. Qué. 7. Qué. 8. Cuántos. 9. Quién. 10. Cuándo

Ejercicio 2
1. unas mesas rojas. 2. unas sillas marrones. 3. unos carteles bonitos. 4. armarios verdes. 5. varios libros interesantes. 6. chicos alemanes. 7. chicos japoneses. 8. chicas estadounidenses. 9. unos compañeros buenos. 10. unos estudiantes trabajadores.

Ejercicio 3
Prawidłowa kolejność: 7, 2, 5, 1, 4, 8, 6, 9, 10, 3

Ejercicio 4
1. j. 2. g. 3. f. 4. d. 5. a. 6. c. 7. i. 8. e. 9. h. 10. b.

DÍA 25

Ejercicio 1
1. El avión es más caro que el tren. / El tren es menos caro que el avión. 2. Pablo es menos alto que José. / José es más alto que Pablo. 3. Mi abuelo es más mayor que mi abuela. 4. Mi casa es tan grande como tu casa. / Tu casa es tan grande como mi casa. 5. Eva es menos delgada que Marta. / Marta es más delgada que Eva. 6. Tu coche es mejor que mi coche. 7. Tu escuela es peor que mi escuela. / Mi escuela es peor que tu escuela. 8. Mi hermano es menor que mi hermana. 9. Pedro es tan alto como Diego. / Diego es tan alto como Pedro. 10. Esta camisa es menos barata que estos pantalones. 11. El hotel de 5 estrellas es mejor que el hotel de 2 estrellas. 12. Yo soy mayor que tú.

Ejercicio 2
1. puedes. 2. pensamos. 3. me levanto. 4. juega. 5. conozco. 6. comenzáis. 7. hago. 8. vienes. 9. se peinan. 10. construís.

Ejercicio 3
1. te pusiste. 2. se vistió. 3. nos bañamos. 4. se lavaron. 5. Te duchaste. 6. se durmió. 7. se fue. 8. Se hizo. 9. os despedisteis. 10. me vestí.

Ejercicio 4
1. estoy en paro. 2. un puesto de trabajo. 3. ganar. 4. una entrevista. 5. la empresa. 6. mi currículum vítae. 7. una carta de motivación. 8. mi formación. 9. mi experiencia profesional. 10. las competencias. 11. sueldo. 12. el seguro. 13. las horas extra. 14. las vacaciones. 15. ascenso.

DÍA 26

Ejercicio 1
1. d. 2. j. 3. e. 4. l. 5. k. 6. i. 7. h. 8. c. 9. b. 10. f. 11. g. 12. a

Ejercicio 2
1. lávate. 2. ponte. 3. acuéstate. 4. vuelve. 5. haz. 6. limpia. 7. estudia. 8. apaga. 9. hable. 10. venga. 11. salga. 12. vaya.

Ejercicio 3
1. está durmiendo. 2. voy. 3. estoy estudiando. 4. están bebiendo. 5. es. 6. tiene. 7. está lloviendo. 8. está trabajando. 9. trabaja. 10. está esperando 11. da. 12. está dando. 13. canto. 14. Estáis haciendo. 15. Cuento.

Ejercicio 4
1. alta. 2. delgada. 3. mayor. 4. el pelo largo. 5. el pelo rizado. 6. los ojos oscuros. 7. los ojos pequeños. 8. morena. 9. guapa

DÍA 27

Ejercicio 1
1. el. 2. la. 3. el. 4. el. 5. las. 6. la. 7. los. 8. la. 9. el. 10. las. 11. los. 12. la. 13. el. 14. el. 15. la

Ejercicio 2
1. fue. 2. hice. 3. fui. 4. Vine. 5. puse. 6. Vi. 7. vino. 8. quiso. 9. pudimos. 10. tuve. 11. dijo. 12. trajo. 13. hicimos. 14. vimos, 15. se fue.

Ejercicio 3
1. he. 2. has. 3. ha. 4. ha. 5. ha. 6. hemos. 7.hemos. 8. habéis. 9. habéis. 10. han. 11. han. 12. han.

Ejercicio 4
Ser: alto, delgado, gordo, bajo, joven, calvo, moreno, fuerte
Tener: los ojos claros, el pelo corto, el pelo rubio, los ojos azules, barba, bigote, el pelo rizado

DÍA 28

Ejercicio 1
1. c. 2. e. 3. h. 4. j. 5. f. 6. l. 7. d. 8. a. 9. b. 10. i. 11. g. 12. k

Ejercicio 2
1. Le. 2. Le. 3. Les. 4. Les. 5. te. 6. me. 7. Os. 8. les. 9. Le. 10. Les. 11. le. 12. os. 13. le. 14. le. 15. nos.

Ejercicio 3
1. midió. 2. Serví. 3. pidió. 4. eligieron. 5. dormí. 6. durmieron. 7. prefirió. 8. elegimos. 9. pusimos. 10. oímos

Ejercicio 4
1. barco. 2. coche. 3. autobús. 4. metro. 5. caballo. 6. avión. 7. tranvía. 8. tren. 9. bicicleta. 10. taxi.

DÍA 29

Ejercicio 1
1. alto. 2. fácilmente. 3. Seguramente. 4. difícilmente. 5. caro. 6. barato. 7. bien. 8. Actualmente. 9. mal. 10. bastante. 11. Curiosamente. 12. Últimamente.

Ejercicio 2
1. Mañana voy a hacer limpieza en casa. 2. Juan y María van a casarse en julio. 3. La próxima semana vamos a tener un examen. 4. ¿Vas a comprarte este libro? 5. Carlos va a comer fuera de casa hoy. 6. ¿Cuándo nos vamos a quedar 7. Mario, ¿vas a salir por la noche conmigo? 8. Mañana voy a despertarme temprano. / Mañana me voy a despertar temprano. 9. Carmen va a ir a París esta semana. 10. Los señores Jiménez van a cenar con sus amigos hoy. 11. Voy a pasar la Navidad en casa de mis padres. 12. ¿Vas a ducharte por la mañana o por la noche?

Ejercicio 3
1. se levantó. 2. Se duchó. 3. se lavó. 4. se peinó. 5. desayunó. 6. Salió. 7. Empezó. 8. terminó. 9. Volvió. 10. llamó. 11. Hablaron. 12. quedaron. 13. cenó. 14. bebió. 15. Se acostó. 16. leyó. 17. se durmió. 18. tuvo. 19. soñó. 20. estuvo.

Ejercicio 4
1. el cartel. 2. la pizarra. 3. el curso. 4. el estanco. 5. la luna. 6. comer. 7. la falda. 8. casarse. 9. la manzana. 10. el barco. 11. abrir. 12. el cielo. 13. el sacacorchos. 14. el bosque. 15. secar.

DÍA 30

Ejercicio 1
Tú: mira, come, escribe
Usted: mire, coma, escriba
Vosotros / as: mirad, comed, escribid
Ustedes: miren, coman, escriban

Ejercicio 2
1. el. 2. la. 3. el. 4. el. 5. las. 6. la. 7. los. 8. la. 9. el. 10. las. 11. los. 12. la. 13. el. 14. el. 15. la.

Ejercicio 3
1. nació. 2. fue. 3. empezó. 4. terminó. 5. conoció. 6. pintó. 7. tuvo. 8. se enamoró. 9. decidieron. 10. vivieron. 11. volvieron. 12. murió.

Ejercicio 4
1. el brazo. 2. la cara. 3. el ojo. 4. la tripa. 5. el culo. 6. la frente. 7. la uña. 8. el diente. 9. la espalda. 10. la muñeca 11. la nuca. 12. la pestaña. 13. las mejillas. 14. los labios. 15. la ceja

DÍA 31

Ejercicio 1
1. ingleses. 2. altos. 3. gordos. 4. amables. 5. trabajadores. 6. mayores. 7. alemanas. 8. simpáticas. 9. jóvenes. 10. difíciles. 11. grandes. 12. blancas. 13. verdes, 14. grises. 15. marrones.

Ejercicio 2
1. nos despertamos. 2. se lavó. 3. me duché. 4. te levantaste. 5. se mudaron. 6. Os trasladasteis. 7. nos acostamos. 8. se casó. 9. me encontré. 10. se quedaron. 11. se enamoró. 12. se rompió. 13. se peinaron. 14. Os acordasteis. 15. Se rieron.

Ejercicio 3
1. c. 2. a. 3. c. 4. c. 5. b. 6. b. 7. c. 8. b. 9. a. 10. b.

Ejercicio 4
1. dar. 2. la talla. 3. el retrovisor. 4. la tienda. 5. la firma. 6. el sótano. 7. el bombero. 8. moreno. 9. la seda. 10. la tarjeta. 11. ganar. 12. el volante.

DÍA 32

Ejercicio 1
1. buen. 2. primer. 3. bueno. 4. tercer. 5. malo. 6. Alguno. 7. mal. 8. grande. 9. ninguno. 10. gran. 11. primero. 12. algún. 13. San. 14. ningún. 15. tercero.

Ejercicio 2
1. d. 2. h. 3. a. 4. k. 5. c. 6. l. 7. i. 8. f. 9. g. 10. b. 11. e. 12. j.

Ejercicio 3
1. preparaos. 2. escribid. 3. Buscad. 4. leed. 5. Vestíos. 6. Poneos. 7. lavaos. 8. peinaos. 9. os acostéis. 10. saludad. 11. sentaos. 12. empezad. 13. comenzéis. 14. estéis. 15. vayáis

Ejercicio 4
1. el padre. 2. el hijo. 3. la hermana. 4. la esposa. 5. la abuela. 6. el tío. 7. los gemelos. 8. el suegro. 9. la novia. 10. el yerno.

DÍA 33

Ejercicio 1
1. i. 2. k. 3. j. 4. l. 5. c. 6. g. 7. e. 8. a. 9. h. 10. b. 11. d. 12. f.

Ejercicio 2
1. roja. 2. azul. 3. grande. 4. polaca. 5. bonita. 6. interesante. 7. habladora. 8. gris. 9. inteligente. 10. francesa. 11. trabajadora. 12. joven. 13. española. 14. amarilla. 15. verde.

Ejercicio 3
CON – hablar, contar, jugar, soñar, pelearse, luchar, llevarse bien/mal
DE – constar, hablar, acordarse, tener miedo, despedirse
A – saludar, aprender, jugar, parecerse, tener miedo
EN – influir, dividir

Ejercicio 4
1. serio. 2. cerrado. 3. pesimista. 4. optimista. 5. graciosa. 6. alegre. 7. simpática. 8. descarado. 9. tacaño. 10. aburrido. 11. tonto. 12. hablador. 13. trabajador. 14. generoso. 15. tranquilo.

DÍA 34

Ejercicio 1
1. menos. 2. más. 3. mejor. 4. menos. 5. mejor. 6. más. 7. tan grande como. 8. menor. 9. peor. 10. menos. 11. tan interesante como. 12. mayores.

Ejercicio 2
1. el chico rubio. 2. el abuelo simpático. 3. el tío hablador. 4. el primo inteligente. 5. el tío alto. 6. el abuelo bajo. 7. el chico moreno. 8. el hermano mayor. 9. el estudiante menor. 10. el hijo bueno. 11. el jefe trabajador 12. el gato gris.

Ejercicio 3
1. c. 2. a. 3. b. 4. a. 5. c. 6. c. 7. b. 8. a.

Ejercicio 4
1. contestador automático. 2. fotocopiar. 3. red. 4. televisión por satélite. 5. reproductor de DVD. 6. móvil. 7. fax. 8. ascensor. 9. matrícula. 10. retrovisor. 11. volante. 12. freno.

DÍA 35

Ejercicio 1
1. mejor. 2. más alto. 3. más inteligente. 4. más cómodo. 5. menor. 6. más delgado. 7. mayor. 8. peor. 9. más barato. 10. más vago.

Ejercicio 2
1. e. 2. i. 3. g. 4. m. 5. n. 6. h. 7. j. 8. a. 9. o. 10. k. 11. f. 12. d. 13. c. 14. b. 15. l.

Ejercicio 3
1. abre. 2. Hablen. 3. Perdone. 4. coged. 5. Coma. 6. ven. 7. escribid. 8. sal, ve. 9. Miren. 10. Bailad. 11. Lea. 12. Tomen. 13. Cruce, gire. 14. os preocupéis. 15. coge / sal.

Ejercicio 4
1. me despierto. 2. me levanto. 3. me lavo. 4. me peino. 5. me visto. 6. desayuno. 7. hago. 8. salgo. 9. voy. 10. termino. 11. hago. 12. vuelvo. 13. saco. 14. leo. 15. me acuesto. 16. sueño. 17. recuerdo.

DÍA 36

Ejercicio 1
1. f. 2. d. 3. h. 4. e. 5. a. 6. i. 7. j. 8. g. 9. c. 10. b.

Ejercicio 2
1. Mi madre es rubia. 2. Tus libros están en la mochila. 3. En mi habitación hay una cama, un armario y una mesa. 4. La farmacia está enfrente del cine. 5. En la nevera hay leche, queso y jamón. 6. Mario es abogado. 7. Los señores López son mexicanos. 8. En el suelo hay una alfombra. 9. La alfombra está en el suelo. 10. La alfombra es roja. 11. Los estudiantes están ausentes. 12. El teatro es antiguo. 13. El primer ministro está preocupado por el nivel del paro. 14. En el cine no hay nadie. 15. Los enfermos están en el hospital.

Ejercicio 3
1. b. 2. a. 3. a. 4. b. 5. b. 6. c. 7. a. 8. b. 9. c. 10. b.

Ejercicio 4
1. mar. 2. colina. 3. montañas. 4. bosques. 5. aves. 6. prados. 7. río. 8. peces. 9. cascadas. 10. reserva natural.

DÍA 37

Ejercicio 1
1. b. 2. a. 3. a. 4. b. 5. c. 6. c. 7. a. 8. b.

Ejercicio 2
1. quieres, podemos. 2. puedo. 3. juega. 4. vienes. 5. dicen. 6. nos despertamos. 7. construyen. 8. conduzco, escucho. 9. volvemos. 10. duermen.

Ejercicio 3
1. Mi. 2. Su. 3. Nuestras. 4. Tus. 5. Vuestro. 6. Mis. 7. Tus. 8. Sus. 9. Nuestro. 10. Vuestras.

Ejercicio 4
1. un bebé. 2. un adolescente. 3. un adulto. 4. joven. 5. citas. 6. de la misma edad. 7. enamorarse. 8. pareja. 9. la boda. 10. ¡Que seáis muy felices! 11. un compromiso. 12. el matrimonio. 13. los niños. 14. la separación. 15. divorcio.

DÍA 38

Ejercicio 1
1. b. 2. a. 3. b. 4. c. 5. a. 6. a. 7. c. 8. a. 9. c. 10. b. 11. a. 12. a. 13. c. 14. c. 15 b.

Ejercicio 2
1. va a comprar. 2. vais a tomar. 3. va a preparar. 4. Vamos a salir. 5. Voy a regalar. 6. Vas a quedar. 7. Voy a buscar. 8. Vais a llamar. 9. va a ir. 10. va a publicar, 11. va a coser. 12. Voy a visitar.

Ejercicio 3
1. sana. 2. practicar. 3. lácteos. 4. rico en. 5. cerebro. 6. espinacas. 7. hierro. 8. ajo. 9. curativas. 10. digestión. 11. circulación. 12. depurar.

DÍA 39

Ejercicio 1
1. juego. 2. comienzan. 3. se despierta. 4. te acuestas. 5. entiendo. 6. vivimos. 7. quiero. 8. comen. 9. escribís. 10. compra

Ejercicio 2
Verbos regulares: viajar, cantar, comer, cenar, escribir

Verbos parcialmente irregulares: pedir, dormir, leer, morir, construir, preferir, mentir, seguir, conducir, huir

Ejercicio 3
1. el más alto. 2. el más inteligente. 3. el país más grande. 4. el mejor cuadro. 5. el mayor. 6. la más alta. 7. los más ricos. 8. las peores. 9. la más guapa. 10. el más gracioso. 11. la más trabajadora. 12. el más vago.

Ejercicio 4
1. cuchillos. 2. cucharas. 3. tenedores. 4. cucharillas. 5. ollas. 6. sartén. 7. colador. 8. batidora. 9. tabla. 10. delantal.

DÍA 40

Ejercicio 1
1. es. 2. está. 3. hay. 4. Hay. 5. es. 6. Estoy. 7. es. 8. están

Ejercicio 2
1. a. 2. b. 3. c. 4. a. 5. b. 6. a. 7. b. 8. c. 9. c. 10. a.

Ejercicio 3
1. Cuáles. 2. Qué. 3. Cuál. 4. Qué. 5. Cuál. 6. Qué. 7. Qué. 8. Cuáles.

Ejercicio 4
1. En qué puedo ayudarle. 2. comprar. 3. Qué talla tiene. 4. modelo. 5. De qué está hecha. 6. Puedo probármela. 7. El probador. 8. de otro color. 9. menores. 10. Cuánto cuesta. 11. Me la llevo. 12. Puedo pagar con tarjeta de crédito

DÍA 41

Ejercicio 1
1. mis. 2. los míos. 3. mis. 4. los tuyos. 5. suyas. 6. nuestras. 7. suya. 8. su. 9. tuyo, 10. mi,

Ejercicio 2
1. No, no lo leas. 2. No, no la pruebes. 3. No, no las cojas prestadas. 4. No, no te los compres. 5. No, no lo bebas. 6. No, no la abras. 7. No, no la cierres. 8. No, no te las laves. 9. No, no me lo des. 10. No, no la pases. 11. No, no la escuches. 12. No, no lo hagas.

Ejercicio 3
1. b. 2. a. 3. b. 4. c. 5. c. 6. a. 7. c. 8. c.

Ejercicio 4
1. ¿me puede decir dónde está...? 2. Está muy cerca. 3. Ve todo recto. 4. gira. 5. ¿Hay una farmacia por aquí? 6. ¿Cómo puedo ir allí? 7. coge. 8. baja. 9. parada.

DÍA 42

Ejercicio 1
1. me he despertado. 2. hemos hecho. 3. Has escrito. 4. ha ido. 5. han comido. 6. se ha puesto. 7. Se ha roto. 8. he salido. 9. Habéis visto. 10. Han leído. 11. hemos hablado. 12. Te has duchado.

Ejercicio 2
1. murieron. 2. pidió. 3. destruyó. 4. fue. 5. vino. 6. quise. 7. dijo. 8. Bebió, condujo. 9. se durmió. 10. volvió. 11. visitó.

Ejercicio 3
1. ¿Cuántos hermanos tienes? 2. ¿Cómo se llama? 3. ¿Cuántos años tiene? 4. ¿Qué le gusta hacer? 5. ¿Qué quiere hacer en el futuro? 6. ¿Os lleváis bien? 7. ¿Y qué hacen tus padres? 8. ¿Vives con ellos?

Ejercicio 4
1. cerca. 2. la derecha. 3. Fuera. 4. Dentro. 5. Encima. 6. Detrás. 7. Lejos. 8. Debajo. 9. Entre. 10. Al lado.

DÍA 43

Ejercicio 1
1. Has estado. 2. ha ido. 3. He leído. 4. hemos hecho. 5. Habéis conocido. 6. he dicho. 7. Has visto. 8. han vuelto. 9. habéis vivido. 10. ha visitado están. 11. se roto. 12. he escrito. 13. han caminado. 14. han envíado. 15. Habéis dividido.

Ejercicio 2
1. el más alto. 2. simpatiquísima. 3. famosísimo. 4. guapísima. 5. el mejor coche. 6. el hombre más interesante. 7. baratísimo. 8. la más larga. 9. fortísimo. 10. el más serio

Ejercicio 3
1. a. 2. b. 3. b. 4. a. 5. c. 6. c. 7. a. 8. a. 9. b. 10. a.

Ejercicio 4
1. seis. 2. siete menos cinco. 3. ocho. 4. cuatro y media. 5. cinco. 6. siete menos cuarto. 7. ocho y cuarto. 8. nueve. 9. diez y media. 10. once y veinticinco.

DÍA 44

Ejercicio 1
1. Ayer hicimos la limpieza por la tarde. 2. Ayer mi hijo dijo una mentira. 3. Ayer puse la música (después del trabajo). 4. Ayer (Pablo y Pedro) fueron (a la escuela) en coche. 5. ¿Qué hiciste ayer por la noche? 6. Ayer fui al teatro. 7. Ayer (Ana) tuvo mucho trabajo. 8. ¿Estuvisteis en casa ayer por la mañana?

Ejercicio 2
1. construimos. 2. pedí. 3. Condujisteis. 4. Huyó. 5. Siguieron. 6. Siguió. 7. pidió. 8. dormí. 9. durmió. 10. murieron.

Ejercicio 3
1. va a ir. 2. vais a hacer. 3. va a salir. 4. Vamos a trabajar. 5. van a cenar. 6. Vas a bailar. 7. Voy a limpiar. 8. Vais a hablar. 9. vamos a comprar. 10. va a estudiar. 11. van a ver. 12. Voy a leer. 13. Vas a escuchar. 14. va a vivir. 15. vais a beber.

Ejercicio 4
1. curso. 2. aprendo. 3. escuela. 4. clases. 5. pizarras. 6. mesas. 7. sillas. 8. alumnos. 9. asignaturas. 10. ejercicios. 11. mis deberes. 12. obtener. 13. aprobar. 14. suspender. 15. estudian.

DÍA 45

Ejercicio 1
1. pedí. 2. dormiste. 3. durmieron. 4. mentiste. 5. mintieron. 6. despedimos. 7. seguí. 8. siguió. 9. eligieron. 10. traduje. 11. Leísteis. 12. destruyó. 13. murieron. 14. construí. 15. huiste.

Ejercicio 2
1. No hay nada en la nevera. 2. Nunca he estado en China. 3. No he visto nunca esta película. 4. No hay nadie en casa. 5. No tengo ningún problema. 6. No veo nada. 7. No compramos nada. 8. No ha venido nadie a la fiesta. 9. No ha venido nadie a la fiesta. 10. María no tiene ninguna camisa roja.

Ejercicio 3
1. gran. 2. San. 3. primer. 4. tercer. 5. mal. 6. buen. 7. Algún. 8. Ningún. 9. gran. 10. mal. 11. buen. 12. ningún. 13. primer. 14. algún. 15. tercer

Ejercicio 4
1. espontáneos. 2. expresan. 3. tristes. 4. se enfadan. 5. ríen. 6. aburrida. 7. contenta. 8. deprimida. 9. se puso a. 10. odio. 11. paciencia. 12. alegre.

DÍA 46

Ejercicio 1
1. con. 2. con. 3. a. 4. en. 5. a. 6. con. 7. de. 8. contra 9. de. 10. con 11. en. 12. ø. 13. a. 14. en. 15. a.

Ejercicio 2
1. segunda. 2. primera. 3. décima. 4. novena. 5. octava. 6. séptima. 7. Sexto. 8. cuarta. 9. Quinto. 10. tercer

Ejercicio 3
1. Sí, léelo. 2. Sí, pruébala. 3. Sí, préstalas. 4. Sí, cómpratelos. 5. Sí, bébelo. 6. Sí, ábrela. 7. Sí, ciérrala. 8. Sí, lávatelas. 9. Sí, dámelo. 10. Sí, pásala. 11. Sí, escúchala. 12. Sí, hazlo.

Ejercicio 4
a. enero. b. Febrero. c. marzo. d. abril. e. mayo. f. junio. g. julio. h. agosto. i. septiembre. j. octubre. k. noviembre. l. diciembre.

DÍA 47

Ejercicio 1
E:IE – empezar, pensar, despertarse, querer, perder, tener
O:UE – poder, volver, dormir, recordar, acordarse, costar, acostarse
E:I – pedir, despedir, servir, vestirse
U:UE – jugar
Nieregularna forma "yo" – conocer, tener, salir, poner,

Ejercicio 2
1. c. 2. f. 3. h. 4. b. 5. g. 6. i. 7. d. 8. j. 9. e. 10. a.

Ejercicio 3
1. siéntense. 2. Comed. 3. acuéstate. 4. ve. 5. Traiga. 6. Bañaos. 7. Hagan. 8. Conozca. 9. vaya. 10. Gire. 11. Prueben. 12. bebe. 13. Duchaos. 14. Ponte. 15. jugad

Ejercicio 4
1. Hola. 2. Muy bien, gracias. 3. Me llamo. 4. ¿Y tú? 5. Mucho gusto. 6. ¿De dónde eres? 7. Vivo en Córdoba. 8. Es de Italia. 9. Encantado de conocerte. 10. Hablo sólo un poco de español.

DÍA 48

Ejercicio 1

1. e. 2. d. 3. f. 4. j. 5. a. 6. k. 7. m. 8. i. 9. n. 10. b. 11. g. 12. h. 13. l. 14. o. 15. c.

Ejercicio 2

1. terminó. 2. salieron. 3. bebí. 4. viajamos. 5. escuchaste. 6. fuisteis. 7. llegó. 8. conocieron. 9. nació. 10. vendí. 11. bailé. 12. Hablaste.

Ejercicio 3

Participio regular: ir, vivir, ser, bailar, conocer
Participio irregular: ver, decir, escribir, volver, poner

Ejercicio 4

1. nos divertimos. 2. salimos de fiesta. 3. bailamos. 4. cerveza. 5. jugamos. 6. tocamos. 7. cantamos. 8. paseos. 9. charlamos. 10. Conocemos. 11. fuera. 12. ir al cine. 13. conciertos. 14. voleibol. 15. juegos de mesa

DÍA 49

Ejercicio 1

1. Mi. 2. Nuestra. 3. Sus. 4. tu. 5. Su. 6. Mis. 7. Vuestros. 8. Sus. 9. Su. 10. Nuestros. 11. su. 12. tu

Ejercicio 2

1. es. 2. está. 3. está. 4. es. 5. Somos. 6. es. 7. es. 8. está. 9. es. 10. está. 11. está. 12. es. 13. Estás 14. es. 15. es.

Ejercicio 3

1. pidió. 2. dormimos. 3. murió. 4. leyeron. 5. condujiste. 6. construyeron. 7. prefirió. 8. corrigió. 9. sirvió. 10. serví. 11. destruyó. 12. oí

Ejercicio 4

1. país. 2. votar. 3. presidente. 4. elecciones. 5. independencia. 6. gobierno. 7. monarquía. 8. lengua materna. 9. democracia. 10. candidato. 11. cámara baja. 12. desempleo. 13. tribunal. 14. infraestructura. 15. subsidio.

DÍA 50

Ejercicio 1

1. compres. 2. vayáis. 3. se acuesten. 4. se pongan. 5. escuches. 6. vean. 7. juguéis. 8. se quede. 9. huyas. 10. conduzca. 11. volváis. 12. tengan

Ejercicio 2

1. b. 2. a. 3. b. 4. b. 5. a. 6. c. 7. b. 8. a.

Ejercicio 3

1. nació. 2. salí. 3. compramos. 4. hablaste. 5. se levantaron. 6. viajaste. 7. me acosté. 8. se lavó. 9. bebió. 10. abristeis

Ejercicio 4

1. h. 2. k. 3. i. 4. l. 5. b. 6. j. 7. m. 8. n. 9. o. 10. d. 11. a. 12. f. 13. g. 14. c. 15. e.

INDEKS

GRAMÁTICA

Adjetivos (Przymiotniki)

Comparativos regulares & irregulares (Stopień wyższy regularny & nieregularny)
Día 17, Ejercicio 2
Día 25, Ejercicio 1
Día 34, Ejercicio 1
Día 35, Ejercicio 1

Formas abreviadas (Formy skrócone)
Día 32, Ejercicio 1
Día 45, Ejercicio 3

Forma plural (Liczba mnoga)
Día 16, Ejercicio 3
Día 24, Ejercicio 2
Día 31, Ejercicio 1

Género masculino & femenino (Rodzaj męski & żeński)
Día 23, Ejercicio 1
Día 33, Ejercicio 2
Día 34, Ejercicio 2
Día 43, Ejercicio 3

Superlativo relativo (Stopień najwyższy względny)
Día 39, Ejercicio 3

Superlativo relativo & absoluto (Stopień najwyższy względny & bezwzględny)
Día 43, Ejercicio 2

Adverbios (Przysłówki)
Día 5, Ejercicio 2
Día 29, Ejercicio 1

Muy & mucho (Bardzo & dużo)
Día 7, Ejercicio 2
Día 12, Ejercicio 3

Comparativos regulares & irregulares (Stopień wyższy regularny & nieregularny)
Día 17, Ejercicio 2
Día 25, Ejercicio 1
Día 34, Ejercicio 1
Día 35, Ejercicio 1

Artículo (Rodzajnik)

Determinado (Rodzajnik określony)
Día 14, Ejercicio 1
Día 17, Ejercicio 1
Día 27, Ejercicio 1
Día 30, Ejercicio 2

Indeterminado (Rodzajnik nieokreślony)
Día 2, Ejercicio 1
Día 17, Ejercicio 1
Día 19, Ejercicio 1
Día 48, Ejercicio 3

Estar
Día 1, Ejercicio 3
Día 2, Ejercicio 2
Día 3, Ejercicio 1
Día 8, Ejercicio 1
Día 12, Ejercicio 1
Día 16, Ejercicio 1
Día 26, Ejercicio 3
Día 28, Ejercicio 1
Día 36, Ejercicio 2
Día 40, Ejercicio 1
Día 49, Ejercicio 2

Gerundio
Día 2, Ejercicio 2
Día 12, Ejercicio 1
Día 26, Ejercicio 3
Día 28, Ejercicio 1

Haber
Día 1, Ejercicio 3
Día 3, Ejercicio 1
Día 8, Ejercicio 1
Día 36, Ejercicio 2
Día 40, Ejercicio 1
Día 49, Ejercicio 2

Imperativo (Tryb rozkazujący)
Día 4, Ejercicio 3
Día 9, Ejercicio 3
Día 13, Ejercicio 3
Día 14, Ejercicio 3
Día 17, Ejercicio 3
Día 20, Ejercicio 3
Día 26, Ejercicio 2
Día 30, Ejercicio 1
Día 32, Ejercicio 3
Día 33, Ejercicio 1
Día 34, Ejercicio 3
Día 35, Ejercicio 3
Día 38, Ejercicio 1
Día 41, Ejercicio 2
Día 46, Ejercicio 3
Día 47, Ejercicio 3
Día 48, Ejercicio 1
Día 50, Ejercicio 1

Interrogaciones (Pytania)
Día 2, Ejercicio 3
Día 23, Ejercicio 2
Día 24, Ejercicio 1
Día 40, Ejercicio 2

Ir a + infinitivo (Ir a + bezokolicznik)
Día 6, Ejercicio 2
Día 9, Ejercicio 1
Día 12, Ejercicio 2
Día 14, Ejercicio 2
Día 29, Ejercicio 2
Día 38, Ejercicio 2
Día 44, Ejercicio 3

Negativas (Przeczenia)
Día 7, Ejercicio 1
Día 45, Ejercicio 2
Día 47, Ejercicio 2

Numerales (Liczebniki)
Día 21, Ejercicio 3
Día 31, Ejercicio 3

Ordinales (Liczebniki porządkowe)
Día 6, Ejercicio 1
Día 18, Ejercicio 3
Día 46, Ejercicio 2

Participio: forma regular & irregular (Imiesłów: formy regularne & nieregulane)
Día 48, Ejercicio 3

Preguntas (Pytania)
Día 7, Ejercicio 3
Día 11, Ejercicio 2
Día 15, Ejercicio 3
Día 42, Ejercicio 3

Presente de indicativo (Czas teraźniejszy)
Día 5, Ejercicio 3
Día 8, Ejercicio 2
Día 11, Ejercicio 3

Día 16, Ejercicio 3
Día 18, Ejercicio 1
Día 20, Ejercicio 1
Día 21, Ejercicio 1
Día 22, Ejercicio 1
Día 24, Ejercicio 3
Día 25, Ejercicio 2
Día 26, Ejercicio 1
Día 37, Ejercicio 2
Día 39, Ejercicio 1
Día 47, Ejercicio 1

Verbos parcialmente irregulares (Czasowniki częściowo nieregularne)
Día 50, Ejercicio 2

Verbos irregulares (Czasowniki nieregularne)
Día 6, Ejercicio 3

Verbos reflexivos (Czasowniki zwrotne)
Día 23, Ejercicio 3

Verbos regulares (Czasowniki regularne)
Día 4, Ejercicio 2

Pretérito indefinido (Czas przeszły dokonany)
Día 15, Ejercicio 2
Día 25, Ejercicio 3
Día 29, Ejercicio 3
Día 30, Ejercicio 3
Día 32, Ejercicio 2
Día 39, Ejercicio 2
Día 42, Ejercicio 2

Verbos parcialmente irregulares (Czasowniki częściowo nieregularne)
Día 22, Ejercicio 3
Día 28, Ejercicio 3
Día 41, Ejercicio 3
Día 42, Ejercicio 2
Día 44, Ejercicio 2
Día 45, Ejercicio 1
Día 49, Ejercicio 3

Verbos regulares (Czasowniki regularne)
Día 11, Ejercicio 1
Día 22, Ejercicio 3
Día 48, Ejercicio 2
Día 50, Ejercicio 3

Verbos irregulares (Czasowniki nieregularne)
Día 3, Ejercicio 2
Día 13, Ejercicio 1
Día 20, Ejercicio 2
Día 22, Ejercicio 2
Día 22, Ejercicio 3
Día 27, Ejercicio 2
Día 44, Ejercicio 1

Pretérito perfecto (Czas przeszły złożony)
Día 10, Ejercicio 1
Día 18, Ejercicio 2
Día 21, Ejercicio 2
Día 27, Ejercicio 3
Día 35, Ejercicio 2
Día 36, Ejercicio 1
Día 42, Ejercicio 1
Día 43, Ejercicio 1

Verbos reflexivos (Czasowniki zwrotne)
Día 9, Ejercicio 2
Día 31, Ejercicio 2

Verbos regulares (Czasowniki regularne)
Día 8, Ejercicio 3

Pronombre (Zaimek)

Objeto directo & indirecto (Dopełnienie bliższe & dalsze)
Día 15, Ejercicio 1
Día 19, Ejercicio 2
Día 28, Ejercicio 2
Día 36, Ejercicio 3
Día 37, Ejercicio 1

Personal (Zaimek osobowy)
Día 1, Ejercicio 1
Día 39, Ejercicio 2
Día 49, Ejercicio 1

Posesivos tónicos & átonos (Zaimek dzierżawczy mocny & słaby)
Día 3, Ejercicio 3
Día 5, Ejercicio 1
Día 19, Ejercicio 3
Día 37, Ejercicio 3
Día 41, Ejercicio 1

Relaciones espaciales (Relacje przestrzenne)
Día 10, Ejercicio 2
Día 42, Ejercicio 4

Ser
Día 1, Ejercicio 3
Día 8, Ejercicio 1
Día 36, Ejercicio 2
Día 40, Ejercicio 1
Día 49, Ejercicio 2

Sustantivos (Rzeczowniki)

Forma plural (Liczba mnoga)
Día 1, Ejercicio 2
Día 16, Ejercicio 2
Día 24, Ejercicio 2

Género masculino & femenino (Rodzaj męski i żeński)
Día 4, Ejercicio 1
Día 23, Ejercicio 1
Día 33, Ejercicio 2
Día 34, Ejercicio 2
Día 43, Ejercicio 3

Verbo & preposición (Czasownik & przyimek)
Día 10, Ejercicio 3
Día 13, Ejercicio 2
Día 33, Ejercicio 3
Día 40, Ejercicio 3
Día 46, Ejercicio 1

VOCABULARIO

Animales (Zwierzęta)
Día 12, Ejercicio 4

Aspecto físico (Wygląd zewnętrzny)
Día 10, Ejercicio 4
Día 26, Ejercicio 4
Día 27, Ejercicio 4

Carácter (Charakter)
Día 20, Ejercicio 4
Día 33, Ejercicio 4

Casa (Dom)
Día 18, Ejercicio 4
Día 39, Ejercicio 4

Ciencia & técnica (Nauka & technologia)
Día 14, Ejercicio 4
Día 34, Ejercicio 4

Ciudad (Miasto)
Día 2, Ejercicio 4
Día 9, Ejercicio 4
Día 49, Ejercicio 4

Comida & restaurantes (Jedzenie & restauracje)
Día 6, Ejercicio 4
Día 16, Ejercicio 4

Compras & servicios (Zakupy & usługi)
Día 31, Ejercicio 4
Día 40, Ejercicio 4

Cultura & deporte (Kultura & sport)
Día 3, Ejercicio 4
Día 7, Ejercicio 4

Delincuencia (Przestępczość)
Día 23, Ejercicio 4

Días de la semana (Dni tygodnia)
Día 17, Ejercicio 4

Emociones (Emocje)
Día 45, Ejercicio 4

Escuela (Szkoła)
Día 29, Ejercicio 4
Día 38, Ejercicio 4
Día 44, Ejercicio 4

Expresiones básicas (Podstawowe zwroty)
Día 47, Ejercicio 4
Día 50, Ejercicio 4

Familia & relaciones interpersonales (Rodzina & relacje międzyludzkie)
Día 24, Ejercicio 4
Día 32, Ejercicio 4
Día 37, Ejercicio 4

Horas (Godziny)
Día 1, Ejercicio 4
Día 43, Ejercicio 4

Meses (Miesiące)
Día 46, Ejercicio 4

Naturaleza (Przyroda)
Día 36, Ejercicio 4

País & sociedad (Państwo i społeczeństwo)
Día 49, Ejercicio 4

Partes del cuerpo (Części ciała)
Día 19, Ejercicio 4
Día 30, Ejercicio 4

Preguntar por el camino (Pytanie o drogę)
Día 4, Ejercicio 4
Día 41, Ejercicio 4

Profesiones (Zawody)
Día 22, Ejercicio 4

Salud (Zdrowie)
Día 5, Ejercicio 4
Día 8, Ejercicio 4
Día 22, Ejercicio 4
Día 38, Ejercicio 3

Tiempo (Czas)
Día 11, Ejercicio 4
Día 13, Ejercicio 4

Trabajo (Praca)
Día 15, Ejercicio 4
Día 25, Ejercicio 4

Transporte (Transport)
Día 28, Ejercicio 4

Viajes (Podróże)
Día 21, Ejercicio 4

Vida diaria (Życie codzienne)
Día 35, Ejercicio 4

Vida social (Życie społeczne)
Día 48, Task 4